Wir haben uns getrennt – und was jetzt?

Stephen Gullo · Connie Church

Wir haben uns getrennt – und was jetzt?

Der Weg aus
dem Trennungsschock

Wie man das Ende
einer Liebesbeziehung
positiv
überwinden kann.

Scherz

1. Auflage 1989
Einzig berechtigte Übersetzung
aus dem Amerikanischen von Marion Balkenhol.
Titel der Originalausgabe: «Loveshock».
Copyright © 1988 by Stephen Gullo and Connie Church.
Published by arrangement with the original publisher,
Simon & Schuster, New York.
Gesamtdeutsche Rechte beim Scherz Verlag, Bern, München, Wien.
Schutzumschlag von Zembsch Werkstatt.

Inhalt

Vorwort

Geschichte und Mythos wissen von unzähligen Liebestragödien zu berichten. Denken wir an Kleopatra, die sich, nachdem ihr Geliebter Antonius in ihren Armen verstarb, eine Giftschlange an die Brust setzte, oder an Romeo und Julia, die den Tod suchten, um in gewissem Sinne wieder zu leben, an Heinrich VIII. und seine vielen unglücklichen Frauen, nicht zu vergessen Vincent van Gogh, der sich ein Ohr abschnitt, um es seiner einzigen Liebe zu schicken. Liedtexte wurden gedichtet, Meisterwerke gemalt, Opern komponiert, Ballettstücke und Romane geschrieben – all dies aus dem Bedürfnis, einen erlittenen Liebesverlust zu beschreiben. Künstler leisteten Großartiges bei dem Versuch, die Vielschichtigkeit der Liebe zu erfassen und zu ergründen, warum sie enden muß. Gibt es eine Lebenserfahrung, die überwältigender und schmerzlicher ist als eine zerbrochene Liebe?

Nie werde ich den Abend vergessen, an dem eine meiner besten Freundinnen mich völlig aufgelöst anrief. Es war 23 Uhr, als ich den Hörer abhob und nur erraten konnte, daß es Genevieve war, die da haltlos schluchzte: «Connie, hier ist Genevieve – es ist was Furchtbares passiert. Kannst du vorbeikommen? Ich weiß nicht, was ich machen soll... Ich bin im Hotel Beverly Hills, im Polo-Raum. Bitte, beeil dich.»

Bevor ich auch nur danach fragen konnte, was denn eigentlich geschehen war, hatte sie aufgelegt. Auf dem Weg zu ihrem Hotel hatte ich nur den einen Gedanken: daß jemand, der ihr sehr nahe gestanden hatte, gestorben sein mußte. Was sonst hätte sie in einen solchen Zustand versetzen können?

Als ich den Polo-Raum betrat, erschrak ich über das Bild, das sich mir bot. Da saß eine der beliebtesten Filmschauspielerinnen Europas, zusammengesunken über einem großen Glas Wodka, einer Packung Zigaretten und einer Menge Papier. Aller Glamour war verschwunden. Ihre Seidenjacke hatte sie achtlos unter den Tisch fallen lassen; ein Träger ihres Kleides war von der Schulter gerutscht. Die sonst so hübschen blonden Locken standen ihr wirr vom Kopf, und aus ihren braunen Augen, für die sie berühmt war, sprach so viel Trauer und Leid, daß ich das Schlimmste befürchtete. Als ich mich neben sie setzte, legte sie den Kopf in meinen Schoß.

«Genevieve, was ist los? Ist jemand gestorben – deine Mutter vielleicht? Stimmt etwas nicht mit Claude?» Ich sah mich um, da ich mir Gedanken über mögliche Folgen dieses Auftritts machte, den sie hier inszenierte. Zum Glück kann man sich, wenn man so berühmt ist, vieles leisten.

Genevieve richtete sich mit einem Ruck auf und griff nach ihrem Wodka. Nach einem kräftigen Schluck stieß sie hervor: «Es ist die Liebe. Es ist alles aus. Ich bin völlig am Ende. Ryan will sich von mir trennen.»

Ich konnte es nicht fassen. «Aber ich dachte immer, ihr beide führt so ein großartiges, abwechslungsreiches Leben. Die Reisen, der Glamour – ihr seid beide erfolgreich. Und ihr habt einen wundervollen Sohn.»

Während sie versuchte, die Papiere zu ordnen und zusammenzulegen, erzählte sie: «Er sagt, er spürt nichts mehr von der Spannung, der Erregung. Kannst du dir vorstellen, daß er mir vor zwei Wochen einfach diese ganzen Papiere da ins

Haus geschickt hat, ohne mich vorher auch nur anzurufen?»
Sie preßte die Lippen aufeinander, um die aufsteigenden
Tränen zu unterdrücken. Dann begann sie, unkontrolliert
zu lachen – und plötzlich weinte sie, sah mich mit tränenver-
schleierten Augen an und sagte: «Oh, Connie, was soll ich
nur machen?»

Ich wußte nicht, was ich dazu sagen sollte. Emotionale
Krisen hatte ich immer damit gelöst, daß ich mich in meine
Arbeit stürzte. Also fragte ich sie: «Und was ist mit deiner
Arbeit?»

Der Kellner stellte einen neuen Wodka vor sie hin, den sie
so hastig hinunterschüttete, daß das Eis keine Chance hatte,
zu schmelzen. Sie murmelte: «Sie wollen mich in Rom...
italienische Kurzserien. Und ob du es glaubst oder nicht, ich
soll die meistbegehrte Frau der Welt spielen – die Frau, die
jeder haben will, die aber keiner bekommen kann...»

Um sechs Uhr morgens verließ ich Genevieve, nachdem
ich sie zu Bett gebracht hatte. Der Wodka hatte seine Aufgabe erfüllt: Sie war bewußtlos und hatte ihren seelischen
Schmerz gebannt. Als ich die Tür hinter mir ins Schloß zog,
dachte ich nur, wie typisch Hollywood das alles war: Noch
bevor sie recht zur Besinnung käme, würde der nächste
Mann oder Freund auftauchen und der jetzige bald vergessen sein – eine dieser Geschichten, die in jedem Boulevard-
blatt zu finden sind.

Auf dem Heimweg zu meinem Mann und den beiden
Kindern ahnte ich noch nicht, daß auch ich die Qual und den
seelischen Schmerz erleiden sollte, die eine zerbrochene
Liebesbeziehung mit sich bringt. Ich dachte, ich hätte ein
typisches Hollywood-Drama hautnah mitbekommen. Aber
auch ich sollte die tiefe innere Leere und das Gefühl des
Verlusts noch erfahren, die einen beherrschen, wenn die
Liebe einen anderen Verlauf nimmt und das Herz zu bre-
chen scheint.

Vier Monate nach diesem Abend mit Genevieve trennten mein Mann Jim und ich uns. Ich befand mich auf dem Rückweg nach New York – meine beiden Kinder im Schlepptau. Äußerlich nahm ich mich zusammen und setzte wegen der Kinder sogar ein Lächeln auf, doch im Innern war ich aufgewühlt, und ich fühlte mich sterbenselend. Ich konnte kaum etwas essen und fand nur wenig Schlaf. Ich hatte Angst. Während des langen Rückflugs dachte ich zurück an die Nacht mit Genevieve, und zum ersten Mal konnte ich ihren Schmerz nachempfinden. Jetzt erst verstand ich. Kein Wunder, daß sie sich bis zur Besinnungslosigkeit betrunken hatte. Wenn meine Kinder nicht gewesen wären, hätte ich vielleicht dasselbe getan. Wie Genevieve litt auch ich an gebrochenem Herzen. Die Symptome waren so stark, daß ich mir kaum vorstellen konnte, der Schmerz könnte jemals ein Ende nehmen.

Glücklicherweise empfahl mir nach meiner Ankunft in Manhattan ein besorgter Freund einen hervorragenden Psychotherapeuten, Dr. Gullo, der eine besondere Therapie entwickelt hatte, um gebrochene Herzen zu kitten. Dr. Gullo nahm mich unter seine Fittiche und begleitete mich während einer Therapie zur Behebung der Trennungskrise, wie er sie nennt – einer Krise, die wir alle in unterschiedlichem Maß erleben, wenn wir intensiv geliebt haben und diese Liebe verlieren. Da seine Therapie eigentlich ein persönlicher Lernprozeß der Patienten selbst und keine Psychotherapie ist, bat Dr. Gullo mich zunächst, einen Psychiater aufzusuchen, bevor ich mit seiner Therapie beginnen konnte, um sicherzugehen, daß keine ernsthaften Krankheitsbefunde vorlagen.

Während meiner eigenen Therapie erkannte ich, daß die Einsichten und Überlebenstechniken, die Dr. Gullo denjenigen anzubieten hat, die eine Trennungskrise erleben, einer breiten Öffentlichkeit zugänglich gemacht werden sollten. Wir beschlossen, diese bemerkenswerte Therapie in Form eines Buches herauszubringen – und wer wäre besser geeignet, ein solches Buch zu schreiben, als jemand, der dieses Phänomen selbst erlebt hat?

Menschen, die das Leid einer zerbrochenen Liebesbeziehung erfahren, müssen wissen, daß sie nicht die einzigen sind, denen so etwas widerfährt. In der Tat gibt es nur selten einen Menschen, der im Laufe seines Lebens nicht mindestens einmal eine mehr oder weniger intensive Trennungskrise erlebt, sei es durch Tod, Scheidung oder das Abbrechen einer Beziehung. Die einzige Unsicherheit besteht darin, daß man nicht weiß, wann und unter welchen Voraussetzungen dies geschehen wird.

Dr. Gullo und ich bieten einen Leitfaden an, der bei der Bewältigung einer Trennungskrise helfen soll. Wir erklären, warum man bestimmte Gefühle hegt (und warum man nicht verrückt wird!), welche Emotionen bei der Bewältigung einer jeden Phase zu erwarten sind, wie man damit fertig wird und schließlich wie man die Trennungskrise überwinden und ein neues Leben anfangen kann, in dem auch die eigene Liebesfähigkeit zurückkehren wird. Wenn Sie dieses Buch zur Hand nehmen, denken Sie an Dr. Gullo als Ihren persönlichen Lehrer, der Ihnen durch Ihre Qualen hindurchhilft, so daß Sie wieder ein glückliches, produktives Leben aufnehmen können. Dazu hat die Therapie Dr. Gullos mir verholfen, und ich bin überzeugt, daß auch Ihnen dieses Buch dazu verhelfen wird.

Connie Church

Einleitung

Bei der Wahl eines Themas für meine Dissertation in Psychologie an der Columbia University lenkte ich meine Aufmerksamkeit auf die Bedeutung von Liebe und Verlust, vor allem auf den emotionalen Konflikt, der immer dann ausgelöst wird, wenn auf Liebe Verlust folgt. Damit begann eine persönliche Forschungsreise, die zur Entdeckung und Bestimmung des Phänomens der Trennungskrise führte, das ich nunmehr seit über zehn Jahren erforsche und zu belegen versuche.

In Zusammenarbeit mit meinem geschätzten Kollegen, dem Psychiater Dr. Ivan Goldberg, begann ich meine Untersuchungen mit der Beobachtung von sechzehn ausgewählten Frauen, die ungewollt zu psychologischen Begleiterinnen auf dem Weg vom Leben in den Tod geworden waren. Ihre Ehemänner litten alle an einer unheilbaren Krankheit und hatten nur noch eine befristete Zeit zu leben. Ich trat in das Leben dieser Frauen, als sie die tödliche Diagnose für ihren Mann erfahren hatten, und begleitete sie bis zu seinem Tod. Die seelische Qual, die ich an diesen Frauen beobachtete, als sie mir erlaubten, sie auf dieser Reise zum Tod zu begleiten, war erschütternd.

Ich untersuchte ihr Trauma des schweren Liebesverlusts und fand heraus, daß in dieser äußerst tragischen menschlichen Situation doch noch ein Fenster zum Leben hin offenstand. Das ergab einen idealen Ansatzpunkt, von dem aus verständlich wurde, wie Menschen sich von Liebesbeziehungen lösen. Ich erkannte, daß die Dinge, die ich bei meiner Arbeit mit den Witwen gelernt hatte, auch in jenen Fällen praktisch angewandt werden konnten, in denen es um unerfahrene oder unglückliche Liebe ging. Es gibt Bewältigungsmechanismen, die entwickelt werden können, um das Gefühlsleben zu reorganisieren und schließlich den Mut und die Fähigkeit zu erlangen, wieder zu lieben.

Meine Arbeit an dem Phänomen der Trennungskrise begann, als mich eine der sechzehn Frauen wegen ihrer Tochter anrief, die gerade das Trauma der Trennung von ihrem Freund durchlebte. Sie bat um meine Hilfe, doch ich zögerte mit dem Argument: «Na ja, mit dieser Art von Therapie habe ich noch keine Erfahrung.»

«Natürlich haben Sie jede Menge Erfahrung, Dr. Gullo», fiel sie mir ins Wort. «Sie haben uns alle beobachtet, als wir uns aus unserer Liebesbeziehung lösten, weil wir unsere Partner verloren. Das ist nur eine andere Form der Loslösung von einer Liebesbeziehung.» Ihrem Anstoß verdanke ich meine Erkenntnis, daß ich die Dinge, die ich während meiner Arbeit mit den Sterbenden gelernt hatte, auch anwenden konnte, um Lebenden zu helfen. Sigmund Freud hat einmal bemerkt, daß ein guter Arzt von seinen Patienten lernt – so habe ich von dieser Frau gelernt; ihre Bemerkung verlieh mir genügend Sicherheit, diesen Schritt zu wagen. Ihre Tochter konnte ich erfolgreich behandeln; sie war meine erste Patientin in einer Trennungskrise.

Auf die Bezeichnung Trennungskrise kam ich durch meine Beobachtungen an Vietnam-Veteranen, die an einer Bombenneurose litten. Als ich über ihre psychische Desorientierung las, über ihre Betäubung, ihre Furcht vor Liebe und ihre Unfähigkeit, enge Liebesbeziehungen aufzunehmen, erkannte ich, daß sie sich in dem Augenblick, da sie den Tod so nahe vor Augen hatten, nicht nur von ihrem

Leben, sondern auch von all ihren Liebesbeziehungen losgelöst hatten.

Bemerkenswerte Parallelen fielen mir auf zwischen den Symptomen der Soldaten, die eine Bombenneurose durchmachten, und jenen von Menschen, die sich aus einer Liebesbeziehung lösten. Wie bei den Soldaten, die beschossen wurden, stellte sich auch bei den Menschen, für die eine Liebesbeziehung zu Ende ging, zunächst eine Art Schock ein. In diesem Schockzustand glichen sie in vielem den Soldaten mit einer Bombenneurose: Sie litten unter Schlaflosigkeit, Konzentrationsmangel und der Unfähigkeit zu tieferen Empfindungen anderen Menschen gegenüber. Je mehr ich über Bombenneurose und die Loslösung von einer Liebesbeziehung nachdachte, desto deutlicher trat die Verbindung von Liebesverlust und seelischer Krise zutage. Ebenso erkannte ich, daß ein Soldat mit einer Bombenneurose auch eine Trennungskrise erlebt. Denn in den Augenblicken, in denen er dem scheinbar unentrinnbaren Tod ins Auge blickt, löst er sich von allen Menschen und Dingen, an denen sein Herz hängt.

Von welch universeller Bedeutung dieses Phänomen ist, wurde mir jedoch erst im Jahre 1978 bewußt, als ich meine Theorie auf einem internationalen Symposium zum Thema «Frauen und Verlust» vorstellte, das von der Gesellschaft für Thanatologie in New York abgehalten wurde. Zeitungen und Zeitschriften des Landes berichteten darüber. Ich wurde zu Fernseh-Talk-Shows und Rundfunk-Interviews eingeladen, um über die Trennungskrise zu reden. Mein Telefon klingelte ununterbrochen. Immer wieder riefen Menschen an, die sich in einer Trennungskrise befanden. Sie alle wollten wissen, wie sie damit fertig werden konnten und ob überhaupt die Möglichkeit einer Heilung gegeben sei.

Bei näherer Untersuchung meiner Patienten stellte sich heraus, daß es während einer Trennungskrise Symptome und Phasen gab, die je nach Intensität der Krise immer wiederkehrten. Ich hatte meinen Patienten zwar kein Heilverfahren anzubieten, konnte ihnen aber dabei behilflich sein, dem Erlebten einen Sinn zu geben – zu erkennen, daß sie in der Lage waren zu ertragen, was ihnen zunächst unerträglich schien.

Es gab Leitfäden, die sie befolgen konnten und die ihnen halfen, ihre persönliche Entwicklung so zu beeinflussen, daß sich ihr seelischer Schmerz verringerte. Ich konnte ihnen emotionale Überlebenstechniken beibringen, indem ich ihnen Einsicht in die Gesetzmäßigkeiten verschaffte, denen ihre Trennungskrise unterlag. Ebenso konnte ich sie vor den Stolpersteinen warnen, die sie möglicherweise auf ihrem Weg antreffen würden. In der Praxis verhalfen ihnen diese emotionalen Überlebenstechniken dazu, die schwierigsten Perioden ihrer Trennungskrise zu überstehen, da sie die Wunden heilten, die der Liebesverlust gerissen hatte. Allerdings habe ich nie die Eigeninitiative meiner Patienten unterschätzt, derer es bedurfte, um diese Zeit des seelischen Chaos zu überstehen.

Schließlich gelangte ich zu der Überzeugung, daß ich sie mit dem notwendigen Rüstzeug versehen konnte, mit dem sie ihr Leben zu reorganisieren in der Lage waren, da sie sich nicht nur vornahmen, wieder zu lieben, sondern es diesmal besser zu machen. Unter meiner Anleitung und mit Hilfe der Methoden und des Rüstzeugs, die ich anzubieten hatte, waren meine Patienten in gewisser Weise imstande, ein eigenes Heilverfahren nach ihren persönlichen Bedürfnissen zu erstellen.

Obwohl ich die Menschen, die ich wegen einer Trennungskrise behandelt habe, meine Patienten nenne, wäre es richtiger, sie als Studenten zu bezeichnen, die Methoden zur Lebensbewältigung erlernen, die für ihr emotionales Wachstum und ihre Weiterentwicklung unerläßlich sind.

Eigentlich ist die Therapie ein persönlicher Lernprozeß, keine Psychotherapie. Ich betone dies, denn obwohl man manchmal während einer Trennungskrise das Gefühl hat, verrückt zu werden, ist sie keine Form von seelischer Störung. Eine Trennungskrise ist ein unvermeidlicher Prozeß, den beinahe jeder von uns einmal durchmachen muß.

Sollten Sie dieses Buch als Begleiter durch Ihre persönliche Trennungskrise zur Hand nehmen, müssen Sie sich bewußt machen, daß die Ratschläge, die ich anbiete, auf jahrelanger Forschung und intensivem Austausch mit meinen «Studenten» beruhen. Es gibt kein Mittel mit sofortiger Wirkung. Denn Liebe ist eine der tiefgreifendsten menschlichen Erfahrungen, und die Lösung einer Liebesbeziehung ist eine der schmerzhaftesten Aufgaben, vor die uns das Leben stellt. Wir können uns Schmerzen gegenüber nicht unempfindlich machen, ohne uns auch gleichzeitig für das Empfinden von Freude am Leben zu verschließen – einer Freude, zu der eben auch Liebe gehört. Tiefer seelischer Schmerz nach einem Liebesverlust ist ein Zeichen für große Liebesfähigkeit.

In einer engen Liebesbeziehung legen wir einen Teil unserer Persönlichkeit offen, den sonst wohl nur wenige Menschen je kennenlernen. Darum spricht der Psychoanalytiker Dr. Rollo May von dem «Mut zur Liebe». Und darum empfinden wir auch so viel Schmerz, wenn eine Liebesbeziehung endet.

Ja, es bedarf des Mutes, zu lieben. Wer seine tiefsten seelischen Regungen und Empfindungen mit einem anderen Menschen teilt, ist offen und verwundbar. Darin liegt ein gewisses Risiko. Und im Grunde ist eine Trennungskrise, ob durch Tod oder Lösung einer Beziehung hervorgerufen, nahezu unvermeidbar.

Mag auch jede Phase der Trennungskrise viele schmerzliche Augenblicke mit sich bringen, so wird man doch gestärkt und reicher an Erfahrung daraus hervorgehen, gerade weil man so viel ausgehalten hat. Denn das Leben hält nicht nur zerstörerischen Schmerz für uns bereit, sondern auch solche Schmerzen, an denen wir wachsen können, durch die wir zu stärkeren und fähigeren Menschen werden. Zu diesen Schmerzen, an denen wir uns weiterentwickeln, gehört die Trennungskrise. Wenn Sie lernen, sie zu meistern und zu besiegen, haben Sie eine Fähigkeit entwickelt, die lebensnotwendig ist: die Fähigkeit, einen Verlust zu akzeptieren und ihn zu überwinden, indem Sie erkennen, daß Sie immer noch eine vollständige Einheit bilden, wenn Sie jetzt ein erfülltes Leben weiterführen und, wie ich hoffe, wieder lieben.

Stephen Gullo

1 Was ist eine Trennungskrise?

Von Weinkrämpfen geschüttelt, lief die Königin durch die Gänge des Palastes. Die Kammerfrauen hörten ihr nächtliches Klagen und sahen sich erschrocken an. Obwohl man Fachärzte um Hilfe gebeten hatte, war niemand in der Lage, ihren Kummer zu lindern. Sogar Medien waren zu Rate gezogen worden, doch es war unmöglich, Prinz Albert wieder zum Leben zu erwecken. Er war tot, und sie stand dieser Tatsache machtlos gegenüber.

In den Wochen, die dem Tod des Königs folgten, wurde der Palast allmählich zu einem Gefängnis für Königin Viktoria. Denn hinter diesen Mauern gab es kein Entrinnen vor den Erinnerungen an Albert, vor dem Gedanken daran, daß sie nie wieder seine Hand halten, seine Stimme hören, seine Umarmungen genießen würde. Überwältigt von ihren Erinnerungen und ihrem untröstlichen Kummer, verließ sie schließlich den Buckingham-Palast und regierte das Empire während der nächsten dreißig Jahre von ihrem selbstgewählten Exil aus. Sie wurde bekannt als die Witwe von Windsor – nur in Trauerkleidung auftretend und ständig unterwegs zwischen den königlichen Schlössern Windsor, Osborne und Balmoral.

Das Gefühl des Verlusts saß so tief, daß sie das gesamte britische Königreich in ihre Trennungskrise mit hineinzog. Dunkle Kleidung, Schlichtheit, Strenge – das Viktorianische Zeitalter war eigentlich ein Zeitalter der Trauer, das den Kummer der Königin, ihre Trennungskrise, widerspiegelte.

Von Anfang an hatte Jennifer in ihrer Ehe mit den Seitensprüngen ihres Mannes leben müssen, mit seinen falschen Versprechungen und der Hoffnung, er würde sich noch ändern. Als sie sich kennenlernten, war Rick ein vielversprechender junger Filmregisseur, und sie hatte auf seinem steinigen Weg zum Erfolg durch dick und dünn zu ihm gehalten. Zwanzig Jahre später und als Mutter von zwei Kindern saß sie in der Bibliothek ihrer Villa in Malibu und wußte plötzlich: Dies würde endgültig das letzte Mal sein, daß sie auf die Heimkehr ihres Mannes wartete. Sie war sicher, daß es eine andere Frau in seinem Leben gab – dieses Callgirl, das für seine Filmproduktionsgesellschaft jederzeit zur Verfügung stand –, aber sie wollte daran glauben, daß sie an erster Stelle rangierte. Die schmerzlichen Minuten wurden zu Stunden, deren Verstreichen die alte Wanduhr laut und unerbittlich anzeigte.

Als das Telefon schließlich läutete, nahm sie mit stockendem Atem den Hörer ab. Sicher war es Rick. Es meldete sich jedoch der Gärtner, der sich erkundigen wollte, ob er in den südlichen Teil des Gartens einjährige oder mehrjährige Pflanzen setzen sollte. Jennifer war kaum in der Lage, das Gespräch zu führen. Als es beendet war, brach sie laut schluchzend auf dem Boden zusammen. In diesem Augenblick, als sie erkannte, daß sie mit einer Hoffnung, nicht mit einer Realität verheiratet war, begann ihre Trennungskrise.

Am nächsten Morgen befand sich Jennifer in einem Schockzustand. Die Haushälterin half ihr beim Packen und beim Umzug in ein Hotel. Zum Glück waren ihre Kinder in einem Internat untergebracht. Wie betäubt von ihrem seelischen Schmerz, hängte sie das Schild «Bitte nicht stören» vor die Tür und zog sich in völlige Abgeschiedenheit zurück.

Sie beantwortete keine Telefongespräche und konnte sich nicht daran erinnern, was von einem Tag auf den nächsten geschah. Sie ließ die Rolläden unten, so daß sie nie wußte, ob es Tag oder Nacht war. Jennifer war von ihrem Kummer so überwältigt, daß sie alles nur noch vage und verschwommen wahrnahm. Wochenlang konnte sie weder richtig essen noch schlafen.

Obwohl Jennifer beschlossen hatte, Rick zu verlassen, fühlte sie sich, als habe sie einen Teil ihrer selbst verloren. Bei ihm zu bleiben hätte jedoch bedeutet, alles zu verlieren, denn mit jedem weiteren Tag an seiner Seite spürte sie, wie sie sich emotional auflöste und in ihrer Menschenwürde herabgesetzt wurde.

Versunken in Schock und Kummer, erkannte sie, daß sie ihren Traum begraben mußte. Und doch sagte sie, sobald von Rick die Rede war, leidenschaftlich: «Und wenn ich nur noch einen Funken Leben in mir hätte, ich würde ihn für Rick hingeben.» Jennifer brauchte zwei Jahre, um sich von ihrer Trennungskrise zu erholen.

In New York beging man den Valentinstag. David stand am offenen Fenster und blickte teilnahmslos auf das geschäftige Treiben in den Straßen hinab. Die kalte Luft brannte auf seinem tränennassen Gesicht. Er war nicht sicher, ob er den Mut aufbringen würde zu springen, doch der Gedanke, ohne Vanessa leben zu müssen, war mehr, als er ertragen konnte. David war ein erfolgreicher junger Anwalt und stolz darauf, sein Studium mit der Ausübung zweier Jobs selbst finanziert zu haben. Er hatte alles, was man zum Leben braucht – außer Liebe.

Seine Eltern, die genug damit zu tun gehabt hatten, ihre fünf Kinder durchzubringen, hatten ihm nie offene Zuneigung oder Liebe entgegengebracht, so daß David geglaubt hatte, in seiner Beziehung zu Vanessa endlich die emotionale Erfüllung gefunden zu haben. Darum war es für ihn um so schmerzhafter, als sie ihn vor zwei Wochen aus heiterem Himmel anrief, um ihre Verlobung zu lösen. Seither fühlte er sich völlig verlassen und war nicht dazu in der Lage, sein Leben in gewohnter Weise fortzusetzen. Selbst die einfachsten Aufgaben schienen ihm unlösbar. Oft saß er da wie gelähmt, in Tränen aufgelöst, und hatte vergessen, was er gerade eben gemacht hatte. Da er unfähig war, sich auf seine Arbeit zu konzentrieren, hatte er einen Routinefall verloren, was das Gefühl seiner eigenen Wertlosigkeit noch steigerte.

Er hatte versucht, seinen Schmerz in Alkohol zu ertränken, hatte sogar an Rauschgift gedacht und sich auf mehrere flüchtige sexuelle Abenteuer eingelassen in der Hoffnung, Vanessa damit für immer aus seinem Herzen verbannen zu können. Die Folge für ihn waren jedoch nur üble Kater, viel Sex ohne Bedeutung und noch mehr Einsamkeit. Es war, als ob sie sich in seinen Gedanken immer breiter machte, je krampfhafter er versuchte, sie zu vergessen.

Apathisch ging David in seinem Zimmer auf und ab und kämpfte mit dem bohrenden Schmerz in seinem Inneren. Dann schaltete er den Fernseher ein. Langsam sprang er von einem Programm in das nächste, um schließlich bei einer Talk-Show anzuhalten. Er hoffte, die Stimmen würden ihm ein wenig Trost spenden, und wenn nicht, daß er wenigstens genug Mut würde sammeln können, um zu springen. David steckte so tief in seiner Trennungskrise, daß er sicher war, der einzige Mensch auf der Welt zu sein, der so fühlte. Er war überzeugt, daß er mit der Intensität seines Schmerzes allein stand, daß sein gebrochenes Herz ihn von der übrigen Welt abgeschnitten hatte. Seine Trennungskrise hatte ihn an den Rand seiner Kräfte gebracht.

Das Phänomen «Trennungskrise»

So dramatisch diese Geschichten auch anmuten, sie sind alle wirklich geschehen. Königin Viktoria ist ein extremes Beispiel für die deutlichste Form einer Trennungskrise: ein Liebesverlust durch den Tod des Partners. In unserem modernen Zeitalter, in dem Scheidungen beinahe so häufig vorkommen wie Heiraten und die Menschen im Laufe ihres Lebens die Gelegenheit haben, mehrere Liebesbeziehungen einzugehen, tritt die Trennungskrise jedoch meist auf, wenn eine Zweierbeziehung zerbricht.

Wer in einer Trennungskrise steckt oder diese Erfahrung schon einmal durchgemacht hat, kann sicher zu dem einen oder anderen Teil obiger Geschichten etwas sagen. Ich möchte betonen, daß die Trennungskrise, so verheerend diese Erfahrung auch sein mag, eine normale Erscheinung ist, deren Symptome, Phasen und Ereignisse einen vorhersehbaren Verlauf nehmen und einen Anfang und ein Ende haben.

Präzise ausgedrückt, ist eine Trennungskrise der Zustand psychischer Betäubung, der Orientierungslosigkeit und Leere, den man nach dem Abbruch einer engen Liebesbeziehung durchmacht. Jeder erlebt die Trennungskrise auf seine Art und Weise, da das menschliche Verhalten individuell sehr verschieden ist. Für gewöhnlich ist die erste Trennungskrise für jeden Menschen die schwerste, da die Fähigkeit, sie zu bewältigen, noch nicht entwickelt ist. Außerdem habe ich beobachtet, daß die Schwere einer Trennungskrise in direktem Zusammenhang damit steht, wieviel man in eine Liebesbeziehung investiert hat. Man kann viele Trennungen im Leben erfahren; wenn man jedoch nicht wirklich stark gebunden war, wird die Trennungskrise nicht so intensiv erlebt; man ist vielleicht ein wenig traurig, macht aber nicht das Ausmaß seelischen Schmerzes durch, das für eine schwere Trennungskrise charakteristisch ist.

Während die meisten Menschen etwa ein Jahr benötigen, um ihre Trennungskrise zu überwinden, kommt es nicht selten vor, daß die Erholung längere Zeit in Anspruch nimmt. Die benötigte Zeit, die ich als *Laufzeit* bezeichne, richtet sich nach der Zeitspanne, die mit dem Partner verbracht wurde, und nach der Intensität der Bindung. Partner, die zum Beispiel ein Jahr zusammengelebt haben oder befreundet waren, werden eine kürzere Trennungskrise durchlaufen als Partner, die einige Jahre miteinander verbracht haben. Die längste Trennungskrise erleben wahrscheinlich Paare, die bereits Kinder haben und sich nach zwanzig oder mehr Jahren scheiden lassen.

Ob die Trennungskrise nun ein, zwei oder drei Jahre dauert, hängt davon ab, in welchem Maß der Alltag fortgeführt wird. Aber auch wenn man das seelische Gleichgewicht aufrechterhält, den Situationen entsprechend vernünftig agiert und reagiert und sich für die Erledigung der täglichen Aufgaben motivieren kann, so ist es doch nicht ungewöhnlich, wenn Traurigkeit und seelischer Schmerz einige Jahre anhalten. Wichtig ist, daß man nach dem anfänglichen Schock das Alltagsleben wieder aufnimmt, während die Wunden ausheilen.

Viele meiner Patienten kommen gleich zu Beginn ihrer Trennungskrise zu mir, weil sie nicht in der Lage sind, ihren täglichen Verpflichtungen nachzukommen, und das Gefühl haben, sich emotional aufzulösen. Sie können sich nicht konzentrieren, finden keinen Schlaf und geben sich einem Gefühl der Hoffnungslosigkeit hin. Diese anfängliche Unfähigkeit, den täglichen Pflichten nachzukommen, ist eine ganz normale Reaktion auf Schock und Kummer. Die Betroffenen sind eher überrascht, wenn ich ihnen eröffne, daß ihr Gefühlszustand angemessen ist, daß der Grund für ihren enormen Schmerz der ist, daß sie ihren Verlust verarbeiten – und daß dies gesund ist! Allerdings weise ich sie darauf hin, daß sie ihrem Schmerz begegnen und ihn verarbeiten müssen. Der Heilungsprozeß setzt ein, sobald sie sich zwingen, die Dinge in den Griff zu bekommen: das «Unerträgliche» zu ertragen, sich der Trennungskrise zu stellen, sich hindurchzuarbeiten, um sie schließlich begreifen zu können.

Eine Trennungskrise wird pathologisch, sobald man versucht, sie zu unterdrücken oder durch Verleugnung oder verschiedene Arten von exzessivem Verhalten, wie z. B. Rauschgift- oder Alkoholmißbrauch, zu verhindern. Gelingt es nicht, den seelischen Schmerz zu erkennen und auszudrücken, können sowohl die Psyche als auch die Fähigkeit, in Zukunft neue Liebesbeziehungen aufzubauen, schweren Schaden nehmen. Viele Menschen befürchten, daß sich dieselbe unglückselige Kette von Ereignissen in der nächsten Beziehung wiederholen könnte, oder, schlimmer noch, sie zweifeln ihre Liebesfähigkeit an. Wenn man sich jedoch der Erfahrung einer Trennungskrise stellt und daraus lernt, was in der Beziehung falsch gelaufen ist, kann der erlittene Schmerz zu einem persönlichen Reifeprozeß werden und Einsichten und Bewältigungsmechanismen hervorbringen, die die nächste Beziehung nur verbessern werden.

Die Nachwirkungen einer nicht überwundenen Trennungskrise können mehr als nur die Psyche zerstören. Besteht das Leben nur aus seelischem Schmerz und beschäftigt man sich nicht mit den dazugehörigen Gefühlen, erhält der Körper das Signal, daß der Wille zur Genesung fehlt. Neuere Studien der Medizin haben gezeigt, daß der durch nicht verarbeiteten Kummer, durch Depressionen und Verzweiflung hervorgerufene Streß die Abwehrkräfte des Körpers so sehr schwächen kann, daß er wesentlich anfälliger gegen Krankheiten ist.

In diesem Sinne ist die Trennungskrise, wenn auch schmerzlich, so doch ein Zeichen von Gesundheit und der einzige Weg, sich von Liebesverlust zu erholen. Keine Trennungskrise nach einem schweren Liebesverlust zu erleben, bedeutet, daß man von den eigenen Emotionen völlig abgeschnitten ist. Das bewußte Erfahren einer Trennungskrise heißt, eine sehr schmerzliche Realität auf sich zu nehmen – aber eine, die für das eigene emotionale Wohlbefinden lebensnotwendig ist.

Was Sie während einer Trennungskrise erwartet

Jennifer und David hatten beide die Hilfe eines Psychiaters in Anspruch genommen, kämpften aber immer noch mit der Überwindung ihrer Trennungskrise, als sie zu mir in die Sprechstunde kamen. Was David letzten Endes von dem tödlichen Sprung abgehalten hatte, war, daß ich zufällig in jener Talk-Show im Fernsehen über die Symptome und Phasen einer Trennungskrise sprach. Später sagte er mir, daß ich mit meiner Schilderung genau das wiedergegeben hatte, was er damals seit dem schrecklichen Anruf von Vanessa erlebt habe. Zum ersten Mal habe er seinen Erfahrungen einen Sinn geben können und es als Trost empfunden zu hören, daß es sogar eine Bezeichnung für seine Gefühle gab. Mit Verblüffung entdeckte er, daß seine Gefühle nicht einzigartig waren, daß vor ihm schon Millionen von Menschen an denselben Symptomen gelitten hatten und daß viele von ihnen bereits wieder lieben konnten. An jenem Tag hatte er erfahren, was als nächstes geschehen und daß sein Schmerz nicht ewig andauern würde; das hielt ihn davon ab, zu springen.

Wenn ich meinen Patienten sage: «Das machen Sie zur Zeit durch und das haben Sie als nächstes zu erwarten», ist es, als ob eine enorme Last von ihnen genommen würde. Sobald sie die Eigendynamik ihrer Trennungskrise verstehen, gelangen sie zu einer Einsicht, die ihnen bei der Bewältigung ihrer Ängste hilft, während sie konstruktiv an ihrem Weg durch diese Erfahrung arbeiten. Ein Trost für sie ist es auch, zu wissen, daß sie nicht allein sind, daß ich viele Menschen behandelt habe, die dieselbe Erfahrung gemacht haben. Und vielleicht ist es für sie die größte Beruhigung, wenn sie erfahren, daß der Schmerz, den sie momentan empfinden, letzten Endes an Intensität verlieren und sogar völlig verschwinden wird, daß die Ereignisse nach einem vorhersehbaren Muster ablaufen werden und es verschiedene aufeinanderfolgende Phasen geben wird, die sie zu durchlaufen haben und die sie befähigen werden, dieses Ende zu erreichen.

Bezeichnenderweise gibt es eine ganze Reihe von Symptomen, die Menschen während einer Trennungskrise jederzeit an sich beobachten können, angefangen bei Eßsucht, übermäßigem Alkoholkonsum, über Medikamentensucht bis hin zum Rauschgiftmißbrauch. All diese Menschen handeln zwanghaft und sind eigentlich auf der Suche nach einer Medizin, die ihren Schmerz lindert, nach einem Balsam für ihre Trennungswunden. Leider aber gibt es kein Wundermittel.

Es kann zeitweise zu Übelkeit und Appetitlosigkeit kommen, vielleicht zu Depressionen oder unkontrollierten Weinkrämpfen. Obwohl man zum Umfallen müde ist, findet man keinen Schlaf. Man hat Konzentrationsschwierigkeiten oder leidet unter Vergeßlichkeit; man fühlt sich mehr oder weniger kraftlos. Beim Auto fahren ist größte Vorsicht angebracht, denn man fährt weniger aufmerksam und teilweise sogar rücksichtslos.

Während einer Trennungskrise erledigt man die täglichen Pflichten oft, ohne sich hinterher daran erinnern zu können, was man eigentlich getan hat. Das einzige, worauf man sich offensichtlich noch konzentrieren kann, ist der andere Partner und die ehemalige Beziehung. Diese zwanghaften, sich ausschließlich mit der verlorenen Liebe beschäftigenden Gedankengänge können das Leben völlig beherrschen. Das ganze Denken ist so sehr auf den Partner und den eigenen Schmerz ausgerichtet, daß es unmöglich scheint, diesen Zwang jemals durchbrechen und überwinden zu können. Man wird alles versuchen, den anderen aus den Gedanken zu verbannen.

Eine Möglichkeit ist, sich, genau wie Jennifer, völlig zurückzuziehen und sich aus Furcht vor jeglicher Berührung mit dem anderen Geschlecht abzukapseln, oder umgekehrt, sich wie David in eine wahre Orgie der Promiskuität zu stürzen. Während der Trennungskrise kann das ganze Leben aus der Bahn geraten.

Das akuteste Symptom, mit dem zu rechnen ist und das alle anderen in den Schatten stellt, ist diese absolute Leere tief im Inneren. Man fühlt sich, als hätte man einen Teil seiner selbst verloren, als wäre etwas herausgerissen worden. Die Aussicht auf die Einsamkeit eines Lebens ohne den Partner läßt alle Gefühle in ungewohnter Intensität erscheinen. Angst macht sich breit – die Angst davor, daß man den Rest seines Lebens ohne jede Form von Zärtlichkeit und Zuneigung werde verbringen müssen, fern von Liebe – der Liebe, die man geben will, und der Liebe, die man braucht.

Die sechs Phasen einer Trennungskrise

Die Symptome einer Trennungskrise entwickeln sich nach einem festen Muster, das aus sechs Phasen besteht: *Schockzustand, Kummer, Schuldzuweisung, Verzicht* (die Phase des «Abschieds»), *Reorganisation* und *Loslösung*.

Die Geschwindigkeit, mit der man sich durch diese Phasen bewegt, nenne ich die persönliche *psychische Laufzeit*. Einige durchlaufen diese Phasen schnell, andere langsam.

Unabhängig von der Laufzeit wird die Stärke der Symptome von Phase zu Phase nachlassen. Während der ersten Phasen des Schockzustandes, des Kummers und der Schuldzuweisung ist der Leidensdruck am größten; ist erst einmal die letzte Phase der Loslösung erreicht, erscheint der Schmerz nur noch als Alptraum, der der Vergangenheit angehört. Aber all diese Phasen *müssen* bis zur Loslösung durchlaufen werden. Ein Ziel der Trennungskrisen-Therapie ist es, bei der effektiven Bewältigung des seelischen Schmerzes zu helfen, so daß man sich nicht in eine der Phasen verrennt, die der Loslösung vorangehen.

Wichtig ist auch, zu bedenken, daß das menschliche Verhalten nicht einheitlich ist, obwohl es allgemeingültige Muster gibt. Es gibt viele verschiedene Wege, auf denen die Phasen durchlaufen werden können. Wenn Sie zum Beispiel von einer Phase in die nächste kommen, kann es durchaus vorkommen, daß Überbleibsel der vorangegangenen Phase mit Ihnen gehen. Oder daß Sie eine ganze Zeitspanne damit verbringen, sich zwischen zwei Phasen hin und her zu bewegen – ich nenne dies den *Pendeleffekt*. Es gibt Phasen, die Sie intensiver erleben als andere. Oder Sie benötigen für die Überwindung der einen Phase eine relativ kurze Zeit, für eine andere wieder länger. Es ist wichtig, daß man jede Phase vollständig durchläuft, um die nächste zu erreichen. Passen Sie sich jedoch unbedingt dem Fluß des Prozesses an. Seien Sie nicht überrascht, wenn Sie mehrere Male während ihrer Trennungskrise pendeln.

Es gibt keine «richtigen» oder «falschen» Wege durch die Phasen. Man sollte jedoch auf der Hut sein vor allen selbstzerstörerischen Verhaltensweisen und Neigungen, die sich möglicherweise aus dem Schmerz, der Reue oder der Schuld entwickeln können, die man infolge des Verlusts empfindet. Ich nenne sie *Fallen*. Sie umfassen verschiedene zwanghafte Verhaltensweisen wie Eßsucht, alkoholische Exzesse und

Promiskuität. Ich werde sie im einzelnen im fünften Kapitel behandeln. Diese Fallen sind Rückschläge, die immer und überall auf dem Weg aus einer Trennungskrise auftauchen können. Sie können das Erreichen der letzten Phase der Loslösung aber nur verzögern, nicht verhindern. Es gibt keinen Grund, bei Rückschlägen Schuldgefühle zu empfinden. Außerdem spielt es keine Rolle, wie oft sie auftauchen. Wichtig ist, daß man sich so schnell wie möglich davon erholt, wieder auf die Beine kommt und weitergeht. Wenn Sie sich selbst antreiben, werden die Rückfälle im Laufe der Zeit weniger häufig auftauchen. Denken Sie immer daran, daß Sie diese Erfahrung überstehen werden und Rückschläge dabei ganz normal sind.

Die folgende Beschreibung der sechs Phasen einer Trennungskrise wird Ihnen einen guten Überblick darüber verschaffen, was Sie in jeder Phase erleben *können*.

Schock

Gleich zu Beginn einer Trennungskrise fühlt man sich wie betäubt, desorientiert und fassungslos. Das Leben scheint stillzustehen, da man sich jetzt voll auf den Verlust konzentriert. Vielleicht können Sie weder essen noch schlafen; es ist, als ob Sie zu einem willenlosen Geschöpf geworden wären. Die Emotionen, die dieser plötzliche Verlust hervorgerufen hat, sind so stark, daß alle anderen Belange und Tätigkeiten ausgeschlossen sind. Blickt man später auf diese Periode der Trennungskrise zurück, wird man sich kaum noch daran erinnern, was eigentlich vor sich ging. Jennifer weiß heute nicht mehr, daß die Haushälterin ihr beim Pakken geholfen hat oder wie sie überhaupt ins Hotel gekommen ist. Von den Wochen, die sie zurückgezogen im Hotel verbracht hat, existieren nur noch vage Vorstellungen in ihrem Gedächtnis. Der Schockzustand ist eine Phase des Schutzes, die vor der vollen Wucht des emotionalen Traumas abschirmt.

Der Schock kann einen Tag oder einen Monat dauern – selten länger. Er wird verschwinden, sobald die Emotionen durchbrechen: die überwältigenden Gefühle von Verlust und Kummer.

Kummer

Zu Beginn der Kummerphase trauern Sie nicht nur um den Verlust des anderen. Sie trauern auch um die Zeit, die Sie miteinander verbrachten, um die Träume, die Sie beide teilten, und um das nicht erfüllte Versprechen, das Leben gemeinsam zu verbringen. Vielleicht trauern Sie auch über das eigene Unvermögen; denn Sie erkennen, daß Sie sich noch so sehr bemühen können: Sie allein bringen keine Liebesbeziehung zustande – dazu gehören immer zwei Partner.

In dieser Zeit, da Sie sich mit Ihrem Verlust beschäftigen und dem Schmerz, den er in Ihrem Leben hervorruft, sind Sie leicht erregbar und reagieren gereizt auf Freunde und Kollegen. Angebote von Freunden, die sich mit ihnen verabreden wollen, um Sie «wieder aufzurichten», lehnen Sie ab, da Sie zuerst Ihre Kummerphase hinter sich bringen müssen. Wahrscheinlich sind Sie sogar wütend darüber, daß Ihre Freunde die Notwendigkeit Ihres Kummers nicht einsehen. Dies ist nicht der richtige Zeitpunkt, eine neue Bindung einzugehen.

In Ihrem Kummer verspüren Sie auch den unwiderstehlichen Drang, den früheren Partner anzurufen, nur um noch einmal seine oder ihre Stimme zu hören. Verzweifelt versuchen Sie, irgendeine wie auch immer geartete Verbindung aufrechtzuerhalten, wobei es keine Rolle spielt, wie unrealistisch dies ist. Nach dem anfänglichen «Hallo» am anderen Ende der Leitung legen Sie dann jedoch wieder auf – unfähig, mit jemandem auch nur ein Wort zu wechseln, mit dem Sie einmal ewig hätten reden können. David gestand mir einmal ziemlich verlegen, daß er Vanessa immer um ein Uhr nachts anrief, weil sie sich, verschlafen wie sie war, mehrere Male meldete, bevor sie einhängte. Dabei verletzte es ihn zutiefst, daß sie schlafen konnte, während er selbst hellwach war und leiden mußte. In der Überbewertung seines eigenen Schmerzes war er überzeugt, daß es ihr gutging und sie ihr Leben weiterlebte, weil sie schlafen konnte.

Zu diesem Zeitpunkt treten oft Depressionen auf, da man einem Gefühl der Hoffnungslosigkeit erliegt. Es ist nicht ungewöhnlich, wenn Menschen in dieser Phase verharren. Damit verlieren sie dann aber mehr als den Menschen, den sie geliebt haben – sie verlieren sich selbst. Wenn Königin Viktoria nicht dreißig Jahre in ihrem Kummer verharrt hätte, wäre sie sicherlich in der Lage gewesen, wieder zu heiraten. Sie hätte vielleicht nie wieder einen Prinz Albert finden können, aber zumindest doch jemanden, mit dem sie ihr Leben hätte teilen können.

Menschen, die sich in ihrem Kummer vergraben, brauchen und suchen oft Hilfe. An diesem Punkt begann Jennifer ihre Trennungskrisen-Therapie. Gemeinsam entdeckten wir, daß sie nur deshalb unfähig war, ihren Kummer zu überwinden, weil sie befürchtete, keiner würde sie mehr mögen. Nach zwanzig Ehejahren fühlte sie sich verbraucht; so schmerzlich es auch war, der Kummerzustand bedeutete für sie größte «Sicherheit».

Schuldzuweisung

Wenn die Phase des Kummers nachläßt, hat man das Bedürfnis, dem Geschehenen einen Sinn zu geben. Zu diesem Zeitpunkt beginnt die Analyse dessen, was schiefgegangen ist, und damit die dritte Phase: die Schuldzuweisung. Man beginnt, sich mit den verschiedensten Problemen auseinanderzusetzen, um zu verstehen, was den Bruch letztendlich heraufbeschworen hat. Fragen tauchen auf wie: «Was ist geschehen? Was habe ich falsch gemacht? Was hat er oder sie falsch gemacht? Was haben wir falsch gemacht?» Man macht sich selbst, den Partner oder andere Menschen überhaupt für den Bruch verantwortlich. Manche versuchen auch ihren Lebensumständen – Streß im Beruf, ein Umzug zum falschen Zeitpunkt, finanzielle Probleme, gesundheitliche Probleme – die Schuld zu geben.

Neben den Schmerz tritt zu diesem Zeitpunkt als stärkstes Gefühl Zorn, der eventuell durch unterschiedliche zwanghafte Verhaltensweisen ausgelebt wird – Eßsucht, Alkohol- oder Drogenmißbrauch, Promiskuität.

Der Zorn kann sich gegen den anderen Partner richten, weil er einem so viel Schmerz zugefügt hat, oder gegen sich selbst, da man sich für einen Versager hält. David kompensierte seinen Zorn mit Verhaltensweisen, die untypisch für ihn waren: sexuellen Ausschweifungen und Selbstmordabsichten. Er gab sich alle Schuld, so daß er seinen Zorn gegen sich wandte. Er war davon überzeugt, daß das Ende der Beziehung sein Fehler war, da er es nicht verdiente, geliebt zu werden. Immerhin hatten nicht einmal seine Eltern, obwohl sie sicher ihr Bestes gegeben hatten, ihm wirklich Zuneigung entgegengebracht – warum also sollte eine schöne Frau wie Vanessa gerade ihn heiraten wollen? Da er die gesamte Verantwortung auf sich nahm, war Davids Selbstachtung auf dem Nullpunkt angelangt, als er mich aufsuchte.

Aus Wut lassen sich manche auch auf eine neue Beziehung ein, in der sie unbewußt den neuen Partner die Verletzungen und den Schmerz spüren lassen, die in ihrem Inneren wüten. Sie sprechen Kränkungen aus, geben sich körperlich reserviert oder mißachten einfach die Bedürfnisse des anderen. Ich nenne dies *Liebe aus Rache*, da man dem anderen all das zufügt, was nach eigener Meinung einem selbst angetan wurde.

Ein Pendeln zwischen den Phasen der Schuldzuweisung und des Kummers ist nicht ungewöhnlich, bevor man wirklich bereit ist, die vierte Phase des Verzichts zu beginnen. Bei Jennifer war dies der Fall. An einem Tag trauerte sie um alles, was sie verloren hatte, wenige Tage darauf kam sie wütend zu mir und rief: «Hätte er sich doch nur die Mühe gemacht, immer anzurufen, wenn er es versprochen hatte! Ich hätte weitermachen können, wenn er nur angerufen hätte. Wie wenig muß ich ihm doch bedeutet haben, wenn ich ihm nicht einmal einen Anruf wert war!» Ich betrachtete ihre Wut als gesund und konnte sie als Mittel dazu benutzen, sie von ihrem Kummer zu befreien. Sobald sie ihrem Zorn Ausdruck verleihen konnte, erkannte sie, daß sie wesentlich mehr verdiente, als sie in ihrer Ehe bekommen hatte. Sie setzte ihre Wut konstruktiv ein und begab sich damit langsam auf den Weg, ihre Selbstachtung wiederaufzubauen.

Verzicht – die Phase des Abschieds

Der Übergang von der Phase der Schuldzuweisung in die Phase des Verzichts ist vielleicht der schwierigste in einer Trennungskrise. Ich nenne diese Phase gern die *Phase des Abschieds*, weil es ein Punkt ist, an dem man sagen kann: «Der andere ist aus meinem Leben ausgeschieden. Ich kann in Trauer oder Wut weiterleben, kann mich aber auch selbst dazu motivieren, weiterzumachen.» Nicht nur muß akzeptiert werden, daß die Beziehung aus und vorbei ist, man muß sie völlig loslassen, sich von dem anderen Partner lösen und die in diese Beziehung gesteckte Energie zurückziehen. Der Abschied von der Beziehung und von allen Gefühlen, die in ihre Aufrechterhaltung investiert wurden, ist eine bittersüße Zeit in der Trennungskrise. Gemischte Gefühle kommen auf – zum einen ist man erleichtert, loslassen zu können, zum anderen traurig, loslassen zu müssen.

Wenn es auch so aussieht, als sei das Schlimmste überstanden, sobald die Phase des Verzichts erreicht ist, kommt es doch häufig vor, daß Menschen in dieser Phase steckenbleiben. Sie befinden sich vielleicht in einem Zustand völliger Erschöpfung, in dem gar kein oder nur noch wenig Wille vorhanden ist, weiterzumachen. Dann sollten sie sich selbst einen Anstoß geben, um zur nächsten Phase der Reorganisation zu gelangen.

Obwohl David es schließlich doch schaffte, sich von Vanessa zu lösen, war er so müde und erschöpft, wie er es während seiner gesamten Trennungskrise nicht gewesen war. Er drückte es sehr treffend aus: «Ich fühle mich, als ob ein Vampir – aber ein weiblicher – mich bis auf den letzten Blutstropfen ausgesaugt und dann fallen gelassen hätte, um zum nächsten Opfer zu gehen!» Aufgrund der Leere, die ihn immer noch erfüllte, war es ihm unmöglich, mit Elan zur nächsten Phase der Reorganisation weiterzukommen.

Um ihn zu entlasten, hatten die Seniorpartner in Davids Kanzlei ihn bereits von einigen Fällen befreit; schließlich machten sie ihm den Vorschlag, Urlaub zu nehmen. Vielleicht würde eine Reise seine gewohnte Tatkraft und den Kampfgeist, den alle an ihm bewunderten, wiederherstellen. David befolgte ihren Rat, und obwohl er keine großen Sprünge machen konnte, tat es ihm gut, einmal aus allem herauszukommen und eine Woche zelten zu fahren. Nach seiner Rückkehr besaß er wieder mehr Energie und war schließlich bereit, einen neuen Start zu wagen – er begann, sein Leben zu reorganisieren.

Reorganisation

Haben Sie einmal damit begonnen, Ihr Leben aktiv zu reorganisieren, liegen die schlimmsten Erfahrungen der Trennungskrise schon weit zurück. Jetzt stellen Sie fest, daß die glücklichen Tage die traurigen überwiegen. Sie können sich wieder konzentrieren und arbeiten daran, jede Art von zwanghaftem Verhalten, das Sie während der Trennungskrise angenommen haben, wieder abzulegen. Sie leben Ihr eigenes Leben und richten Ihre Aufmerksamkeit darauf, wieder ins Gleichgewicht zu kommen. Sie können sich verabreden; Sie wollen ausgehen und wirklich wieder anfangen zu leben. Einige Menschen handeln zum ersten Mal in ihrem Leben nach den eigenen Bedürfnissen und sind wählerisch, mit wem sie zusammensein wollen, so daß sie auf gesunde, ausgeglichene Art lieben können.

Als Jennifer an diesem Punkt ihrer Trennungskrise angelangt war, stellte sie fest, daß sie sehr viel lachte, mit ihren Freunden ausging und ihr Leben einfach genoß. Sie war sogar offen für die Möglichkeit einer neuen Beziehung. Seit den ersten Wochen der Abkapselung im Hotel hatte sie einen langen Weg zurückgelegt.

Ein seltsames Gefühl überkam sie, als sie sich zum ersten Mal seit zwanzig Jahren mit jemandem verabredete. Sie hätte nie gedacht, daß sie jemals wieder an einer Verabredung interessiert sein könnte oder daß sich überhaupt jemand mit ihr verabreden wollte. Aber es fiel ihr immer leichter, und sie fing tatsächlich an, ihr Leben als Alleinstehende zu genießen. Zuerst spürte sie, daß sie jeden Mann, mit dem sie ausging, sowohl in seiner Persönlichkeit als auch rein körperlich, mit Rick verglich. Es ist das, was ich Vergleichsdenken nenne. Ich machte sie darauf aufmerksam, daß Menschen sich in bestimmten Eigenschaften zwar gleichen können, daß aber jeder Mensch als solcher einzigartig ist. Ich gab ihr den Rat, immer dann, wenn sie Vergleiche ziehen wollte, den Blick darauf zu lenken, worin der Mann, mit dem sie sich verabredet hatte, ihren Bedürfnissen entsprach oder nicht. Wir redeten über die Dinge, die sie unternommen hatten und die ihr Zusammensein besonders auszeichneten. Mit wachsendem Selbstvertrauen stellte sie immer weniger Vergleiche an. Als sie Tony, ihren zweiten Mann, kennenlernte, konnte sie ihn so sehen, wie er war, und nicht im Verhältnis zu Rick.

Für viele ist die Phase der Reorganisation wie das Gehenlernen nach einem Beinbruch. Körperlich fühlt man sich wiederhergestellt, muß aber Selbstsicherheit und -vertrauen wiedergewinnen, um zu Kräften zu kommen. Oft müssen die sozialen und gesellschaftlichen Kontaktfähigkeiten wieder aufpoliert werden. Auf diesem Weg können eine Menge Fehler unterlaufen.

Man ist sich des Schmerzes, den man durchgemacht hat, sehr wohl noch bewußt, sieht aber allmählich, was durch den Bruch gewonnen und verloren wurde. Für einige wird der Gewinn größer als der Verlust sein. Die anderen haben die Möglichkeit, sich ein glücklicheres, reicheres Leben zu schaffen, wenn sie kontinuierlich an der Weiterentwicklung ihres Selbstbewußtseins und Selbstwertgefühls arbeiten.

Loslösung

Damit beginnt ein neues Leben. Sie haben den Konflikt gelöst und die Qualen überwunden, die Sie durch die gesamte Trennungskrise hindurch begleitet haben. In gewissem Sinn haben Sie mit Ihrem seelischen Schmerz Frieden geschlossen. Ihr Leben verläuft wieder in geregelten Bahnen, wenn auch in anderen, da Sie sich in allen Phasen der Trennungskrise persönlich weiterentwickelt haben. Jetzt entscheiden Sie sich vielleicht für eine neue Liebesbeziehung. Wenn nicht, so setzen Sie doch größeres Vertrauen in Ihre Fähigkeit, Ihr eigenes Glück zu schaffen und auf sich selbst achtgeben zu können.

Für Jennifer bedeutete die Phase der Loslösung eine neue Liebesbeziehung. Als sie zu mir kam – es sollte ihre letzte Sitzung werden –, erzählte sie mir folgende Geschichte: «Tony und ich aßen in Malibu zu Abend, und wen sah ich da sitzen? Rick und seine Callgirl-Freundin Laura!»

An diesem Punkt machte Jennifer ein nachdenkliches Gesicht. Ich befürchtete schon, sie würde mir berichten, daß sie eine Szene gemacht habe. Sie fuhr fort: «Dr. Gullo, Sie werden nicht glauben, was ich getan habe. Ich bin aufgestanden, quer durch den Raum zu ihrem Tisch gegangen, habe meinen Exehemann begrüßt und mich seiner Freundin vorgestellt. Können Sie sich das vorstellen? Ich reichte ihr höflich die Hand, sagte: ‹Hallo, mein Name ist Jennifer Wexler. Sie sind sicher Laura.› Wir tauschten ein paar Belanglosigkeiten aus, dann ging ich mit hocherhobenem Haupt zurück zu unserem Tisch. Und wissen Sie, was Laura sagte? ‹Die Frau ist Spitzenklasse›! Ich traute meinen Ohren kaum, aber irgendwie war ich stolz und fühlte mich als eine Einheit. Und Tony war erstaunt über meinen Mut, daß ich so friedlich auf zwei Menschen zugehen konnte, die mir so viel Schmerz zugefügt hatten.»

Jennifer strahlte, als sie ihre Geschichte beendet hatte. Sie erzählte mir, wie glücklich sie mit Tony sei. Auch ich war erstaunt, daß sie imstande war, ihre Trennungskrise und den damit verbundenen Schmerz als vergangen zu betrachten und einen so mutigen Schritt zu wagen. Nun konnte ich ihr mitteilen: «Sie haben Ihre Trennungskrise überwunden und können damit Ihre Therapie als beendet ansehen.»

Passive und aktive Reaktionsmuster

Eine der ersten Herausforderungen in den frühen Phasen einer Trennungskrise besteht in der Erkenntnis, daß zwar die Beziehung beendet ist, nicht jedoch das Leben. Dabei ist es wichtig, die Reaktionsmuster auf die Trennungskrise richtig einzuschätzen. Ich habe herausgefunden, daß die meisten Menschen in Extremen reagieren, sei es passiv oder aktiv. Während dieser Zeit sollten Sie bestrebt sein, Ihr Verhalten zu kontrollieren, so daß Sie mit Ihrem Schmerz zurechtkommen und dennoch Ihr Leben im Gleichgewicht halten.

Menschen, die passiv reagieren, ziehen sich zurück und kapseln sich ab. Die Abkapselung wird zu ihrer Schutzvorrichtung, hinter der sie sich in der zweiten Phase, der Phase des Kummers, verkriechen. Sie sind das Opfer ihrer eigenen Angst, denn sie haben sich von der Furcht vor der Zukunft überwältigen lassen. Von Zweifeln an sich selbst erfüllt, stellen sie sich ängstliche Fragen: «Was wird als nächstes geschehen? Wer will mich denn schon lieben? Werde ich je wieder geliebt? Wie soll ich denn weitermachen?» Das selbstgewählte, dreißig Jahre andauernde Exil Königin Viktorias ist ein extremes Beispiel für ein passives Reaktionsmuster. Jennifer flüchtete in ein Hotel und fühlte sich in ihrem Kummer am sichersten. Sie hatte es geschafft, die

Initiative zu ergreifen und ihre leidvolle Beziehung zu Rick zu beenden, aber sie konnte nicht weitermachen, weil sie vor Angst wie gelähmt war.

Im umgekehrten Fall, wenn Menschen auf die Trennungskrise aktiv reagieren, richten sie ihren Schmerz buchstäblich gegen sich selbst und andere. Sie ziehen sich nicht zurück, um sich abzukapseln, sondern handeln eher zwanghaft und unberechenbar. Eßsucht, Alkohol- und Drogenmißbrauch und Promiskuität sind typische zwanghafte Verhaltensweisen. Der Schmerz ist so groß, das Selbstwertgefühl so gering, daß sie ihr aktives Reaktionsmuster bis ins Extrem ausleben und sich auf den Weg in die Selbstzerstörung begeben. Denken wir an David – sein übermäßiges Trinken, sein Drogenmißbrauch und seine vielen sexuellen Abenteuer –, wie er schließlich am Fenster stand und überlegte, ob er springen sollte.

Es ist durchaus normal, in passiven beziehungsweise aktiven Extremen auf die Trennungskrise zu reagieren. Es ist dabei jedoch von größter Wichtigkeit, den Grad und die Häufigkeit dieser Verhaltensweisen jeden Tag zu überprüfen, und zwar am effektivsten mit Hilfe der *Selbstkontrolle*, wie ich sie nenne.

Diese Selbstkontrolle kann man ausüben, indem man seine Gefühle auf Band spricht, ein Tagebuch führt oder täglich eine Liste der Tätigkeiten aufstellt, die man unternommen hat und dazu notiert, wie man sich dabei gefühlt hat. Oder Sie gönnen sich täglich zweimal zehn Minuten Zeit, um einen inneren Dialog zu führen über das, was Sie gerade tun, wie Sie sich dabei fühlen und wie Sie Ihre Tätigkeit einschätzen.

Setzen Sie die Selbstkontrolle als ein Mittel ein, sich als Außenstehender zu betrachten und zu beobachten. Das Selbstbewußtsein und die Selbsterkenntnis, die Sie daraus gewinnen, werden Ihre persönliche Weiterentwicklung während der Trennungskrise fördern. Und wenn Sie sich selbst gegenüber vollkommen ehrlich sind, wird diese Selbstüberwachung Sie vor allen destruktiven Verhaltensmustern warnen, denen Sie zu erliegen drohen. Diese Übung soll nicht dazu dienen, daß Sie Schlechtes über sich denken. Sie soll dazu verhelfen, an Ihren Fehlern zu wachsen und die Trennungskrise mit möglichst wenig Schmerz zu durchleben.

Jennifer, die passiv reagierte und in der zweiten Phase, im Kummer, steckengeblieben war, schlug ich vor, sie solle doch ein Tagebuch führen und damit ihren Kummer überprüfen. Dies erwies sich als sehr konstruktiv und half ihr, die nächste Phase der Schuldzuweisung zu erreichen. Mit Hilfe des Tagebuchs war Jennifer in der Lage, sich abzureagieren, da sie ihre Gefühle herauslassen konnte, Seite auf Seite anfüllend mit all dem Schmerz und all der Erniedrigung, die sie ihrer Meinung nach hatte erleiden müssen, vor allem während der letzten fünf Jahre ihrer Ehe mit Rick. In dem Tagebuch konnte sie auch ihre Furcht davor ausdrücken, was die Zukunft ihr bringen würde, vor allem ihre Angst, nie wieder geliebt zu werden. Hatte sie sich einmal ihre Ängste eingestanden, waren sie weniger bedrohlich, und sie konnte daran arbeiten, sie zu überwinden. Als Jennifer begann, ihre Trennungskrise zu bewältigen, wurde sie wieder aktiv.

Diese und die anderen Übungen und Therapien, die ich im vorliegenden Buch anbiete, sollen helfen, eine Trennungskrise wirksam zu bewältigen und emotional, geistig und körperlich intakt zu bleiben. Wenn Sie jedoch länger als ein paar Wochen in extremen passiven oder aktiven Reaktionsmustern verharren, sollten Sie zusätzlich bei einem Arzt, einem Therapeuten oder Familienberater Rat suchen.

2 Die Bewältigung von Ängsten

Während meiner Arbeit mit Menschen, die eine Trennungskrise durchlebten, habe ich große Ehrfurcht vor der Macht
der menschlichen Psyche entwickelt, vor ihrer Entschlos-
senheit, zu überleben und sich selbst zu heilen, vor allem
dann, wenn sie auf dem Wege der Selbsthilfe oder durch
einen Berater oder Therapeuten richtig angeleitet wird.
Mag der seelische Schmerz auch manchmal unerträglich
erscheinen – der Mensch besitzt eine natürliche Spannkraft,
die ihn befähigt, weiterzumachen und sich durch den
Schmerz hindurchzuarbeiten. Diese Fähigkeit, seelische
Belastungen auszuhalten, hilft uns allen zu überleben.

Wenn Sie zum ersten Mal eine Trennungskrise erleben,
schützt Sie die Betäubung im Schockzustand vor der vollen
Wucht des emotionalen Schlags, den Sie gerade erlitten
haben. Es ist, als ob Ihre Psyche sich zurückgezogen hätte,
um sich auf die Bewältigung einer übermächtigen und oft
tragischen Realität vorzubereiten. In dieser Ruhepause
kann die Psyche ihre Energiereserven und Verteidigungs-
mechanismen mobilisieren, bevor sie sich tatsächlich mit
dem bevorstehenden seelischen Schmerz auseinandersetzt –
eine Art psychologischer Rückzug vor dem Angriff.

Sobald der Schock jedoch abklingt und die zweite Phase
des Kummers beginnt, treten so massive Ängste auf, daß sie
oft nicht bewältigt werden können. Man beginnt, sich mit
den Realitäten seiner Situation auseinanderzusetzen: Eine

Liebesbeziehung von großer Bedeutung ist nicht länger ein Teil Ihres Lebens. Es ist wichtig, daß Sie Ihre Ängste als eine natürliche und normale Triebkraft akzeptieren; denn jeder, der eine Trennungskrise erlebt, muß sich gewissen Ängsten stellen. Und die mit diesen Ängsten einhergehende Furcht, Panik oder Verzweiflung sind vorhersehbar. Sie stehen nicht allein da, und Sie werden nicht verrückt!

Jede Phase einer Trennungskrise kann eine ganze Reihe von Ängsten auslösen, auch solche aus der Kindheit, die man gelöst zu haben glaubt. Es gibt aber auch Ängste allgemeiner Art, die ich bei vielen meiner Patienten in einer Trennungskrise beobachtet habe. Sie werden entdecken, daß Sie vielleicht nur eine oder zwei dieser Ängste oder aber gar alle erleben. Es ist jedoch gut, zu wissen, daß einige oder alle Ängste während Ihrer Trennungskrise auftauchen können. Auf diese Weise ist es leichter für Sie, sich darauf vorzubereiten und damit fertig zu werden. Das Wissen um diese Ängste wird den Schmerz nicht verringern, aber Sie werden die Vorgänge besser im Griff haben, wenn Sie sie verstehen. Haben Sie Ihre Ängste unter Kontrolle, können Sie Ihren Schmerz wirkungsvoller bewältigen. Nutzen Sie Ihr Wissen als geistige «Feuerwehrübung», in der Sie trainieren, was zu tun ist, überlegen, was möglich ist und was nicht, und im voraus fühlen, was als nächstes auf Sie zukommt.

Die größte Angst überhaupt

Die erste und größte Angst, der Sie begegnen, taucht in der Phase des Kummers auf: Entsetzen überkommt Sie bei dem Gedanken, daß Sie sich immer so fühlen werden wie in diesem Augenblick – daß der intensive seelische Schmerz, unter dem Sie leiden, nie ein Ende haben wird und daß dieses schreckliche, abgrundtiefe Gefühl der Einsamkeit und Leere Sie für immer beherrschen wird. Dieses Gefühl, so befürchten Sie, wird dafür sorgen, daß Sie nie wieder in der Lage sein werden, auch nur einen Schritt hin zum aktiven Leben zu tun und wieder zu lieben. Von Selbstzweifeln gepeinigt, verzehren Sie sich in Gedanken wie «Ich werde nie wieder jemanden finden» oder «Ich bin unfähig, eine Liebesbeziehung aufrechtzuerhalten».

Während dieser intensiven Angstperioden müssen Sie unbedingt von einem Augenblick zum nächsten leben, sich den Alltag erleichtern und darauf vertrauen, daß der seelische Schmerz mit der Zeit nachlassen wird. Zum Glück besitzt die menschliche Psyche einen Abwehrmechanismus, mit dem schmerzhafte Erinnerungen im Laufe der Zeit verdrängt werden; sonst wären Sie nicht in der Lage, Ihr Leben fortzuführen. Müßte man ständig die schmerzlichen, lebhaften Erinnerungen an jede negative Erfahrung neu durchleben, würde dies langsam, aber sicher tatsächlich zum Wahnsinn führen, da man sich in einem ständigen Angstzustand befände. (Ich werde dies im einzelnen im vierten Kapitel behandeln.)

Die meisten meiner Patienten empfinden diese intensiven Angstperioden in ihrer Trennungskrise als schwierigstes Problem. Sie glauben, den Verstand zu verlieren, haben die Kontrolle über sich verloren und glauben, einfach nicht weitermachen zu können. In seltenen Fällen kann dieser vorübergehende, durch die Angst hervorgerufene Wahn einen Menschen in einen Abgrund stürzen.

So ging es Earlene, einer aus Barbados stammenden Krankengymnastin. Die Angst, daß ihr seelischer Schmerz nie ein Ende haben würde, war so groß, daß sie einen Selbstmordversuch unternahm. Da sie auf traditionelle Therapie nicht ansprach, bat mich ihr Arzt, mit dem ich einmal an der Klinik, an der ich ausbildete, zusammengearbeitet hatte, in ihrem Fall um Rat. Als ich an ihrem Krankenbett saß, erzählte sie mir ihre Geschichte.

Ihre erste Ehe war nichts weiter als eine geschäftliche Vereinbarung gewesen, damit sie die Aufenthaltsgenehmigung für die Vereinigten Staaten erhielt und dort arbeiten konnte. Diese Ehe wurde in gegenseitigem Einverständnis gelöst, und sie erlitt keinerlei Trennungskrise. Fünfundzwanzig Jahre später, inzwischen fünfundvierzig Jahre alt, lernt Earlene Ed kennen. Für sie stand fest, daß sie ihre große Liebe gefunden hatte. Er war ein gutaussehender Polizist und wurde für sie zum Nabel der Welt.

Sie teilte ihren Tag so ein, daß sie jederzeit zur Verfügung stand, um seine Bedürfnisse zu erfüllen. Oft war er beruflich unterwegs, so daß sie sich nur unregelmäßig trafen und dies nie im voraus geplant werden konnte. Die gemeinsamen Augenblicke waren jedoch romantisch und unvergeßlich.

«Vor dem Essen nahmen wir für gewöhnlich ein Glas Sherry und tanzten bei Kerzenschein zu unseren Lieblingsplatten. Ed brauchte mir nur in die Augen zu schauen, und schon floß ich dahin. Ich habe noch nie im Leben einem Menschen oder einem Gegenstand solche Gefühle entgegengebracht. Wenn wir uns liebten, war das so unglaublich, ich hätte schwören können, die Welt steht still. Bei ihm spürte ich immer etwas ganz Wunderbares und Besonderes. Es machte ihm nichts aus, daß ich älter war und ein wenig Übergewicht hatte. Er sagte immer: «Unsere Seelen harmonieren.» Alles schien so perfekt zwischen uns. Das einzige, worüber ich mich wunderte, war, warum wir niemals zu ihm gingen. Wahrscheinlich hegte ich tief in meinem Innern den Verdacht, daß er verheiratet war, aber ich konnte nicht einsehen, wie jemand, der so gut zu mir paßte, einer anderen gehören sollte. Also verschloß ich meine Augen davor. Schließlich kam nach einem Jahr die Wahrheit heraus. Er war nicht nur verheiratet, sondern hatte sogar drei Söhne.»

«Und Sie hatten das Gefühl, die Beziehung beenden zu müssen, auch wenn er das einzige in Ihrem Leben war, das Sie glücklich machte?»

«Ach, Dr. Gullo, ich konnte einfach nicht so weitermachen. Obwohl ich nur geheiratet hatte, um in den Vereinigten Staaten leben zu können, bin ich doch in dem Glauben erzogen worden, daß Ehebruch eine Sünde ist, egal, unter welchen Umständen. Und während meiner Ehe habe ich mich auch mit keinem anderen Mann eingelassen, obwohl ich meinen Mann nicht liebte. Vielleicht bin ich altmodisch, aber diese Haltung werde ich nicht los. Ich kann nichts dagegen tun – aber ich bin ohne ihn so unglücklich...»

«Dann sollten Sie doch eigentlich stolz darauf sein, an Ihren Wertvorstellungen festgehalten zu haben. Das ist eine bewundernswerte Eigenschaft, Earlene – den Mut aufzubringen, zu seinen Überzeugungen zu stehen. Es gibt Menschen, die ihr Leben lang den Versuch unternehmen, diese Eigenschaft zu entwickeln, es aber nie erreichen. Sie haben sicher auch festgestellt, daß beide Partner die gleichen Wertvorstellungen haben müssen, um eine wirklich glückliche Liebesbeziehung zu haben.»

Sie wandte sich von mir ab und starrte die weiße Wand des Krankenzimmers an, als sie sagte: «Viel Gutes hat er mir nicht gerade gebracht, dieser Mut, zu meinen Wertvorstellungen zu stehen. Ich kann den Schmerz nicht ertragen, daß ich ihn für immer verloren habe. Darum habe ich all die Pillen geschluckt. Die Leere hat mich umgebracht. Also dachte ich, warum nicht gleich Schluß machen, anstatt meinen Kummer nur endlos auszudehnen.»

«Wie fühlen Sie sich jetzt, Earlene?»

«Leer. Einsam. Ich habe solche Angst. Ich habe ihm einen Teil meines Herzens geschenkt, den er mit sich genommen hat.»

Earlenes Geschichte ist sicher ihre eigene, ganz besondere Geschichte, so wie Earlene einzigartig ist, und doch habe ich die letzte Beschreibung ihrer Gefühle schon viele Male gehört. Wie viele andere Menschen in einer Trennungskrise, die in der zweiten Phase, im Kummer, verharren, war sie davon überzeugt, daß ihr Schmerz nie nachlassen, geschweige denn ein Ende nehmen würde. Was sie jetzt brauchte, war etwas, woran sie sich festhalten konnte, etwas, das ihr helfen würde, ihre Trennungskrise voranzutreiben. Zum Glück hatte sie einen Beruf, der ihr sehr viel bedeutete.

«Erzählen Sie mir ein wenig über Ihre Arbeit als Krankengymnastin.»

«Ach, ich helfe den Menschen nur ein wenig, sich wohl zu fühlen. Wissen Sie, Dr. Gullo, Krankengymnastik ist eine wunderbare Sache. Sie hilft den Menschen, sich zu entspannen, wenn das Leben hart mit ihnen umspringt. Und sie kann auch das Abwehrsystem des Körpers stärken.»

«Das hört sich ja ganz so an, als könnte Ihnen die Krankengymnastik gerade jetzt auch helfen.»

«Eigentlich schon. Ich glaube, ich bin ganz schön brutal mit mir umgegangen. Und was habe ich meinem Körper mit all diesen Tabletten zugemutet! Und wissen Sie, ich habe tatsächlich in den letzten paar Monaten meine Kunden vergessen. Einige von ihnen sind schon lange bei mir und haben sich all die Jahre hindurch immer auf mich verlassen. Schließlich bin ich jetzt seit einundzwanzig Jahren Krankengymnastin . . .»

Earlene hatte noch viel Kummer und Traurigkeit zu überwinden, aber sie konnte mit ihrem Schmerz umgehen, sobald sie die überschüssige Energie, die sie an Ed verschwendet hatte, in ihre Arbeit steckte. Indem sie anderen half, half sie auch sich selbst. Die Leere, die sie zu Beginn der Trennungskrise als so verheerend empfunden hatte, verschwand langsam. Sechs Monate später rief sie mich an, um zu berichten: «Sie hatten recht, Dr. Gullo. Der Schmerz hat nachgelassen. Ich vermisse Ed immer noch – ich habe mich von allen unseren Lieblingsplatten getrennt –, aber alles ist nicht mehr ganz so schlimm. Ich habe es auch geschafft, zehn Pfund abzunehmen, und fühle mich eigentlich ganz wohl dabei . . .»

Der Verlust des seelischen Gleichgewichts

Im Frühstadium der Trennungskrise, in der Phase des Kummers und der Phase der Schuldzuweisung, sind Gefühlsausbrüche bis hin zur Hysterie zu erwarten. Man ist in dieser Zeit so verletzlich, daß man aus nichtigem Anlaß plötzlich anfängt zu weinen. Es kommt vor, daß ein Lied im Radio, eine beliebte Fernsehsendung, die beide Partner gern sahen, und sogar eine bestimmte Tageszeit diese Ausbrüche hervorrufen. Ihre Intensität erschreckt einen vielleicht: Die emotionalen Reaktionen steigern sich ins Extrem.

Viele meiner Patienten in einer Trennungskrise kommen zu diesem Zeitpunkt zu mir in Behandlung, weil sie den Eindruck haben, daß sie ihrem Dasein keinen Halt mehr geben können. Sie befürchten, daß sie sich emotional auflösen, weil sie die Kontrolle über sich verlieren.

Marjorie erinnert sich daran, daß sie während des ersten Monats ihrer Trennungskrise in Tränen ausbrach, als ein Taxifahrer sie nur nach ihrem Ziel fragte. Sie stieg aus dem Wagen und rannte die Straße entlang zurück zu ihrer Wohnung. Eine Woche verließ sie die Wohnung nicht mehr, weil sie Angst davor hatte, in aller Öffentlichkeit die Fassung zu verlieren. Sie ist Sekretärin und rief in ihrer Firma an, um sich «wegen einer schweren Grippe» krank zu melden – aus Angst, an ihrem Arbeitsplatz einen solchen Zusammenbruch zu erleben.

Für Ron war es besonders schwer, einkaufen zu gehen. «Ich brauchte nur die Abteilung für Tiefgefrorenes zu streifen, schon fiel mein Blick auf die Schoko-Eiskrem mit Schokoladenstücken, auf die Jane während ihrer Schwangerschaften immer solchen Heißhunger hatte; dann fing mein Körper plötzlich an zu zittern. Ich hatte einen Kloß im Hals, und meine Lippen bebten. Ich wußte, wenn ich nicht so schnell wie möglich aus diesem Laden verschwinden würde, müßte ich zusammenbrechen. Als ich zum ersten Mal einkaufen ging, nachdem wir uns getrennt hatten, geriet ich in Panik, floh aus dem Laden und ließ einen vollen Einkaufswagen einfach stehen. Bis ich mich sicherer fühlte – und das war erst in der Phase des Verzichts –, stellte ich eine Haushälterin ein, die einmal in der Woche für mich einkaufen ging. Ich konnte es mir zwar kaum leisten, aber die Ausgabe lohnte sich. Ich brauchte jemanden, der meinen Haushalt regelte.»

Leslie stellte fest, daß sie einen neuen Koffer für ihre Sachen brauchte, nachdem sie beschlossen hatte, Jack wegen seiner Rauschgiftsucht zu verlassen. «Wir waren ein vorbildliches Ehepaar, lebten am Rande der Stadt und hatten zwei Kinder, die das College besuchten. Unser Leben verlief in geordneten Bahnen, bis er von Kokain abhängig wurde. Als ich einmal nach Feierabend nach Hause kam und ihn in einer Art Schockzustand am Küchentisch vorfand, beschloß ich, ihn zu verlassen. Ich ging nach oben und begann, meine Sachen in Koffer zu werfen, stellte aber fest, daß ich noch einen weiteren brauchte. In meinem geistesabwesenden Zustand fuhr ich zum Discountladen am Ort. Ich muß da ungefähr eine Stunde lang diese vielen Koffer angestarrt haben, unfähig, eine Entscheidung zu treffen, welcher wohl der beste sein könnte. Schließlich kam ein Verkäufer auf mich zu und fragte: «Kann ich Ihnen helfen?» Da fing ich an zu stottern und wußte nicht mehr, warum ich eigentlich hergekommen war. Als ich den Laden verließ, war ich zu desorientiert, um überhaupt in Verlegenheit zu geraten. Dann merkte ich, wie ich zu meiner Freundin fuhr. Ich blieb zwei Wochen bei ihr, bis ich mich etwas gefestigter fühlte und mit meinen Emotionen besser fertig wurde. Ich hatte furchtbare Angst davor, daß ich jeden Augenblick die Fassung verlieren könnte. In den nächsten Wochen schaffte ich es gerade eben, meinem Beruf nachzugehen – das war aber auch alles. Als ich meine Gefühle besser in den Griff bekam, begann ich, mich auch mit anderen Dingen zu beschäftigen. Aber glauben Sie mir, am Anfang war es ganz schön hart, da durchzukommen.»

Wenn Sie sich emotional überdreht und verwirrt fühlen und glauben, die Kontrolle über sich zu verlieren, ist es ratsam, sich nicht zusätzlichen Streß aufzuladen. Falls notwendig, stellen Sie eine Hilfe ein, die Ihnen einige Lasten abnehmen kann. Es ist nun an der Zeit, Familienmitglieder und Freunde um Unterstützung zu bitten. Laden Sie sie zu Mittag- oder Abendessen ein. Überlassen Sie ihnen vorübergehend die Kinder, oder lassen Sie andere Besorgungen von ihnen erledigen, wenn sie es anbieten. Und fragen Sie sie, ob Sie anrufen können, wenn Sie sich einsam und verängstigt fühlen oder wenn Sie jemanden brauchen, mit dem Sie reden können.

Es wird Ihnen vielleicht schwerfallen, vor allem in der Phase des Kummers, aber machen Sie den Versuch, alle festen Lebensgewohnheiten, die Sie bereits entwickelt haben, beizubehalten, wie z. B. ein Trainingsprogramm, Meditation oder andere entspannende Hobbys, die Ihnen Spaß machen. Sie werden feststellen, daß ein solches Training Ihnen helfen wird, Frustrations- und Wutgefühle, die während der Phase der Schuldzuweisung häufig auftreten, loszuwerden. Und wenn feste Lebensgewohnheiten nicht zu Ihrem Alltag gehören, versuchen Sie, sie jetzt in Ihr neues

Leben mit einzubeziehen. Oder wenn Ihr Alltag sich im Zuge der Trennung verändert hat, dann legen Sie besonderen Wert darauf, ihn neu zu gestalten, so daß er Ihren momentanen Bedürfnissen entspricht. Feste Gewohnheiten schaffen dort Struktur, wo emotionales Chaos herrscht, und helfen Ihnen, sich in den Hauptstrom des Lebens zurückzubewegen.

Es war sehr klug von Ron, sich eine Haushälterin zu suchen, die seine Einkäufe erledigte und die Hausarbeiten übernahm, die Jane immer ausgeführt hatte. Leslies Freundin erwies sich als wahre Lebensretterin, da sie Leslie die moralische Unterstützung zuteil werden ließ, die sie brauchte, als sie versuchte, den Ereignissen einen Sinn zu geben und herauszufinden, wie sie am besten weiterleben konnte.

Wenn Sie das Gefühl haben, Ihr eigenes Selbsterhaltungssystem reiche nicht aus, diese Periode zu überstehen, schämen Sie sich nicht. Kapseln Sie sich nicht ab, weil Sie es nicht zu schaffen glauben. Wenden Sie sich an einen Fachmann, bei dem Sie die Hilfe finden, die Sie brauchen. Sollten Sie unter plötzlichen Kopfschmerzen, Magenkrämpfen oder Herzschmerzen leiden, suchen Sie einen entsprechenden Arzt für die Behandlung auf. Akzeptieren Sie, daß Sie in dieser Zeit gelegentlich auf Magenmittel gegen Ihr Sodbrennen und auf Beruhigungsmittel für Ihre «Nerven» zurückgreifen müssen – aber nur unter Aufsicht Ihres behandelnden Arztes.

Für Marjorie, die wegen ihres Kummers zu Anfang nicht in der Lage war, ihrer gewohnten Tätigkeit nachzugehen, war eine Woche «Schwänzen» die einzige Möglichkeit, damit fertig zu werden. Ihr Arzt verschrieb ihr auch ein Medikament gegen Angstzustände, das sie einen Monat lang einnahm, und schickte sie zu mir. Sie hatte das große Glück, sich eine Woche freinehmen zu können, ohne befürchten zu müssen, ihre Stelle zu verlieren; doch das ist nicht immer möglich. Sie müssen sich in dieser Zeit äußerst vorsehen, nicht noch mehr Verluste zu erleiden. Der Verlust des Arbeitsplatzes nach einem Liebesverlust würde Ihre Ängste nur noch steigern. Daher sollten Sie sich darum bemühen, Ihrem Beruf in bestmöglicher Weise nachzukommen und Ihren Alltag, so gut Sie können, aufrechtzuerhalten. Sie werden überrascht sein festzustellen, daß Sie weniger Ängste entwickeln, wenn Sie sich in Ihre Arbeit stürzen oder sich von sportlichen oder anderen Aktivitäten oder einem Hobby, das Ihnen Spaß macht, ablenken lassen.

Die große Bedeutung der Ablenkungen

Bevor ich nun noch weitere Ängste behandle, die ich bei den meisten meiner Patienten in einer Trennungskrise angetroffen habe, möchte ich herausstellen, wie nützlich Ablenkungen in allen Phasen der Trennungskrise sein können, da sie Ihnen helfen, mit Ihren Ängsten fertig zu werden. Im Grunde dienen alle konstruktiven Vorhaben oder Tätigkeiten als Ablenkung, auf die Sie Ihre Energie richten können – die Energie, die Sie bis jetzt in Ihre Liebesbeziehung gesteckt haben. So wie ein Auto Stoßdämpfer benötigt, um ruhiger über holprige Straßen zu fahren, brauchen Sie in Ihrer Trennungskrise einen ganzen Vorrat an Ablenkungen, die den seelischen Schmerz etwas dämpfen. Je stärker diese Ablenkungen sind, desto besser, denn sie ziehen Ihre Aufmerksamkeit so sehr auf sich, daß Sie sich immer weniger mit dem erlittenen Verlust und Schmerz beschäftigen.

Als Chuck und Darlene ihre Ehe nach vierzehn Jahren beendeten, wollten sie beide in dem Haus wohnen bleiben, das ihnen beiden so sehr ans Herz gewachsen war. Bevor sie sich auf einen bitteren Rechtsstreit einließ, zog Darlene ihr

Geld aus dem Haus und beschloß, sich ein eigenes zu bauen. Sie konnte sich nichts Ausgefallenes leisten, war jedoch entschlossen, mit dem Geld, das ihr zur Verfügung stand, ein Haus ganz nach ihren Wünschen zu planen. Durch dieses Projekt wurde sie völlig in Anspruch genommen.

Der Hausbau war eine so zwingende Ablenkung, daß Darlene, obwohl sie der verlassene Partner war, ihre Trennungskrise mit weniger seelischem Schmerz als Chuck durchlebte. Sie sagte mir: «Immer wenn ich glaube, daß den Verstand verliere, sage ich mir, wie gut es doch für meine Gesundheit ist, daß ich meinen Gefühlen so nah bin; ich sage mir auch, daß meine Trennungskrise ein Ende haben wird, und stürze mich dann auf die Planung eines anderen Teils meines Hauses – Fliesen fürs Bad oder Tapeten für die Küche.»

Douglas hatte sich immer als einen «heimlichen Poeten» gesehen, als einen Handelsvertreter mit einer Vorliebe für Gedichte. Er reichte seine Werke oft Agenten oder Verlegern ein, hatte aber nie die Befriedigung erfahren, eines davon veröffentlicht zu sehen, und seine Freundin Brooke machte ihm auch nicht gerade Mut. Sie erhob sogar massive Einwände dagegen, daß er Zeit und Energie mit dem Versuch verschwendete, seine Gedichte zu veröffentlichen. Ständig hackte sie auf ihm herum, er solle seine Zeit realistischer nutzen, und machte seine dichterische Neigung für sein mangelndes berufliches Weiterkommen verantwortlich.

Als Douglas und Brooke sich trennten, galt sein ganzes Streben der Veröffentlichung seiner Werke. Es wurde seine Ablenkung. An den Wochenenden, wenn er den Schmerz seiner Trennungskrise am stärksten spürte, konzentrierte er sich auf das Verfassen von Bewerbungsschreiben und studierte die Richtlinien vieler verschiedener Zeitschriften für eine Veröffentlichung. Nach neun Monaten erschien ein heiteres Stück von ihm in einer Lokalzeitung. Daraus schöpfte er das für ihn nötige Selbstvertrauen, um weiterzumachen. Als wir uns das letzte Mal sahen, sollte er im *Reader's Digest* veröffentlicht werden.

Leider erkennen die meisten Menschen die Notwendigkeit für Ablenkungen in ihrem Leben erst, wenn eine Trennungskrise einsetzt. Gerade bei meinen älteren Patientinnen, die in der traditionellen Hausfrauenrolle lebten, in der der Ehemann und seine Bedürfnisse die erste Stelle einnahmen, habe ich enorm großes Leid miterlebt. Wenn dann die Scheidung bevorstand, wußten diese Frauen nicht, was sie mit dem Rest ihres Lebens anfangen sollten. Diejenigen, die Kinder hatten, die in Wohltätigkeitsvereinen wirkten und Interessen außerhalb des häuslichen Bereichs nachgingen, wurden besser mit der Situation fertig als Frauen, für die es nur den Ehemann und sonst nichts gegeben hatte. Die Ablenkungen verschafften ihnen etwas, woran sie sich festhalten konnten, während sie an der Reorganisation ihres Lebens arbeiteten. Die Frauen, die nur wenige oder gar keine Ablenkungen hatten, neigten zu einer extrem langsamen Laufzeit durch die Trennungskrise; sie verharrten häufig in den Phasen des Kummers und der Schuldzuweisung und erlitten schwere Depressionen. Es war schwierig, sie dazu zu bringen, irgendeine Tätigkeit aufzunehmen, die ihnen hätte helfen können, weil sie überzeugt waren, daß ihr Leben an Bedeutung verloren hatte.

Als Greta mich aufsuchte, steckte sie schon seit sechs Monaten in der Phase des Kummers. Ihr Arzt hatte sie an mich überwiesen, nachdem er entdeckt hatte, daß die Schmerzen in ihrer Brust ein Symptom für ihren Kummer waren. Nach dreißig Ehejahren hatte ihr Mann sich von ihr getrennt, um «noch etwas von der Welt zu sehen», und hatte eine blonde Skilehrerin mitgenommen. Greta, die mit ihrem Mann gleich nach der Heirat aus Schweden in die Vereinigten Staaten gekommen war, hatte ihr Leben ausschließlich ihm gewidmet. Sie hatte nie Kinder haben können, worüber sie immer sehr traurig war. Nachdem Sven sie jetzt verlassen hatte, wollte sie, wie sie mir sagte, am liebsten sterben. Greta war erst fünfundfünfzig. Sie war ein wenig pummelig und hatte ein bezauberndes Gesicht. Das lange graue Haar trug sie in einem festen Zopf um den Kopf gewunden.

Über sich selbst konnte sie mir fast nichts sagen, als ich sie danach fragte.

«Lesen Sie gern?»

«Nein.»

«Würden Sie gern noch etwas lernen?»

«Nein.»

«Haben Sie mal überlegt, sich ein Haustier zu halten?»

«Ja, ich wollte immer einen Vogel haben, aber Sven hat es verboten, weil er fand, sie machten zu viel Dreck.»

«Ja, ich verstehe. Aber Sven ist aus Ihrem Leben verschwunden. Warum also gönnen Sie sich jetzt nicht einen Vogel? Es ist an der Zeit, daß Sie sich über ihre eigenen Wünsche und Bedürfnisse Gedanken machen.» Ich beobachtete sie, wie sie darüber nachdachte, und stellte fest, daß ein kleiner Schimmer von Interesse über ihr Gesicht huschte.

Zwei Wochen darauf hatte sie einen zahmen afrikanischen Papagei erstanden, den sie Woody nannte. Er konnte ein wenig sprechen, worüber sie begeistert war. Sie versuchte, ihm noch mehr beizubringen. All die Zärtlichkeit und Liebe, die sie Sven gewidmet hatte, gab sie nun an Woody. Ich war erstaunt, nicht nur darüber, wie intelligent Woody war, sondern wie schnell Greta ins Leben zurückkehrte.

Gelegentlich erwähnte sie in einer unserer Sitzungen, wie klug ihr Woody doch war, nachdem er wieder ein neues Wort oder einen Satz gelernt hatte. Als ich sie einmal anrief, fragte sie mich, ob ich einmal mit Woody sprechen wollte. Nachdem wir zu dritt folgendes Gespräch geführt hatten, wußte ich, daß sie wieder auf die Beine kommen würde: «Das soll Woody das nächste Mal sagen, wenn Sven wieder anruft, Dr. Gullo.» Und dann hörte ich Woody mit seiner hohen, schrillen Stimme krächzen: «Hau ab, du Lump!» Im Hintergrund vernahm ich Gretas zufriedenes Lachen.

Sich der Stille des Alleinseins stellen

Während der Laufzeit durch die Phasen des Kummers, der Schuldzuweisung und des Verzichts ist damit zu rechnen, daß Angst und sogar Panik aufsteigen bei dem Gedanken, jetzt allein leben zu müssen. Für einige mag es das erste Mal sein, daß sie allein stehen. Das Zusammenleben mit den Eltern tauschten sie ein gegen die Gemeinschaft mit dem Partner, so daß sie sich der neuen Situation nur sehr zögernd anpassen können. Je länger sie mit ihrem Partner zusammen waren, desto schwieriger wird der Übergang von einer Gemeinschaft zum Alleinsein werden. Diesen Prozeß des Anpassens und der Umstellung darauf, allein zurechtzukommen, meine ich, wenn ich den Ausdruck «sich der Stille des Alleinseins stellen» benutze.

Er wird von den verschiedenen Patienten ganz unterschiedlich bezeichnet und hängt davon ab, welche Empfindungen dabei im Vordergrund standen. Marjorie nannte ihn «die schreienden vier Wände», bis sie sich angepaßt hatte und beschloß, den Frieden und die Ruhe in ihrer Wohnung nach einem langen Arbeitstag zu genießen. Sie konnte sich der Situation aber erst anpassen, nachdem sie die fünfte Phase, die Reorganisation, erreicht hatte. Für Leslie war es der «Schrecken des leeren Bettes», aber nach einigen Wochen fand sie heraus, daß sie doch lieber allein als neben

Jack schlief, der wegen seiner Rauschgiftsucht einen sehr unruhigen Schlaf hatte. Ron nannte es «die Zeit der Fernsehmahlzeiten und des Dosenfutters», bis er sich selbst einen Anstoß gab und sich etwas aus den frischen Sachen kochte, die seine Haushälterin ihm jede Woche einkaufte.

Gleich zu Beginn Ihres Alleinseins ist es normal, wenn Sie die Einsamkeit hassen. Besonders hart werden wahrscheinlich die Wochenenden, die Nächte und die Urlaubszeit für Sie sein. Haben Sie Geduld mit sich. Die Anpassung an eine neue Lebenssituation benötigt immer ihre Zeit, und es wird immer wieder Rückschläge geben.

Wie werden Sie also damit fertig; was können Sie tun, um diesem Gefühl der Einsamkeit entgegenzuwirken? Am Anfang, während der Kummerphase, wenn Einsamkeit und seelischer Schmerz am stärksten auftreten, sollten Sie alles tun, was dazu beiträgt, daß Sie sich besser fühlen – solange es Ihrer Gesundheit nicht schadet. Hüten Sie sich vor übermäßigem Alkoholgenuß, Medikamentenmißbrauch (nehmen Sie nur die Tabletten, die Ihnen Ihr Arzt verschrieben hat!) und allen anderen Lebensgewohnheiten mit negativen Folgen. Wenn Zweifel aufkommen, lassen Sie lieber davon ab. Fügen Sie sich der Erkenntnis, daß die ersten Wochen und vielleicht Monate schwierig sind. Glauben Sie an sich selbst und Ihre Kraft, dies alles allein durchstehen zu können.

Wenn die Nacht besonders schwierig ist, versuchen Sie, ein heißes Bad zu nehmen und sich zu entspannen. Lassen Sie beim Einschlafen den Fernseher oder das Radio an, wenn es Sie beruhigt, Stimmen zu hören. Ron beschloß, jeden Abend spät noch zu joggen, um sich körperlich so zu verausgaben, daß es ihm letztlich gleichgültig war, ob er allein war oder nicht.

Leslie machte sich Sorgen, ob sie tatsächlich einen psychischen Knacks hatte, denn sie gestand mir, daß sie mit ihrem alten Teddybär im Arm einschlief. Ich versicherte ihr, daß sie völlig intakt sei; ich gratulierte ihr sogar dazu, daß sie ein so gutes Hilfsmittel gefunden hatte.

Benutzen Sie jedes Mittel, das Ihnen auf diese Weise weiterhilft. Machen Sie sich keine Gedanken darüber, ob es albern ist, und halten Sie nicht an den Begriffen normal und anormal fest. Die Überwindung der ersten Phasen der Trennungskrise unter Beibehaltung Ihres emotionalen Gleichgewichts verlangt so viel Selbstbeherrschung, daß Sie sich keine Gedanken darüber machen müssen, wie normal Sie sind.

Marjorie durchlebte eine Zeit der Schlaflosigkeit. Sie schlief ein paar Stunden und wurde gegen drei Uhr morgens hellwach, von Angst vor dem nächsten Tag erfüllt. Bevor sie sich im Bett unruhig hin und her wälzte, begann sie zu sticken. Stoff und Garn lagen griffbereit neben ihrem Bett. Immer wenn sie nachts aufwachte und nicht wieder einschlafen konnte, machte sie das Licht an und stickte. Nach einer halben Stunde hatte sie sich so weit entspannt, daß es ihr keine Schwierigkeiten mehr bereitete, wieder einzuschlafen.

Zu Beginn Ihrer Trennungskrise wird es einiger Planung und Selbstmotivation bedürfen, um mit den Wochenenden fertig zu werden. Wenn Sie es sich leisten können, machen Sie kleinere Reisen, gehen Sie ins Kino, oder besuchen Sie Kurse. Nehmen Sie eine sportliche Betätigung auf, die Sie sich nie zugetraut hätten, und fordern Sie sich selbst damit. Unternehmen Sie alles, was Sie ablenkt, damit Sie nicht anfangen, sich selbst zu bemitleiden. Beschäftigen Sie sich!

Machen Sie in Ihrer Freizeit etwas Bedeutsames. Greta wurde Schwesternhelferin im örtlichen Krankenhaus und kümmerte sich um die kranken Kinder. Sie brachte ihnen schwedische Kinderreime bei, sang ihnen etwas vor und nahm sogar Woody mit, wenn der Arzt es erlaubte.

Die beste Möglichkeit, eigenes Leid zu vergessen, ist, anderen zu helfen. Sie werden dabei Ihre eigene Kraft erkennen, Kraft, die Ihnen zu mehr Selbstvertrauen und Selbstachtung verhilft. Gleichgültig, wie schwach und ängstlich Sie sich fühlen, in der Hinwendung zu anderen werden Sie spüren, daß Sie emotional stark sind. Deshalb hat die Arbeit als Krankengymnastin Earlene durch ihre Trennungskrise geholfen. Obwohl sie kurz vor dem Selbstmord stand, ließen ihre Ängste von Tag zu Tag in dem Maße nach, wie sie durch die Erkenntnis, daß sie immer noch anderen helfen konnte, wieder Vertrauen schöpfte.

Die Urlaubszeit oder die Erinnerung an gemeinsame Erlebnisse werden wahrscheinlich die härteste Zeit für Sie – vor allem im ersten Jahr, aber auch noch während der Phase der Reorganisation. Es ist schwer, froh und glücklich zu sein, wenn man einsam ist. Versuchen Sie, in der Familie oder bei Freunden Unterstützung zu bekommen. Oder gönnen Sie sich eine besondere Reise.

Jack landete schließlich in einem Rehabilitationszentrum, während Leslie ihre beiden Kinder während ihres Weihnachtsurlaubs auf eine Fahrt mit nach Vermont nahm. Es wurde eins der schönsten Weihnachtsfeste, an die sie sich erinnern konnte. «Ich wunderte mich, wie gut und unabhängig ich mich fühlte. Ich erkannte, daß ich Jack nicht brauchte, um ein Weihnachtsfest zu verbringen, das mir etwas bedeutete. Diese Reise half mir auch, mich auf den Verzicht vorzubereiten, in dem ich mich endgültig von Jack lossagte. Und die zusätzliche Zeit und Energie, die ich den Jungen widmete, brachte uns näher zusammen. Für sie waren die vergangenen Monate auch ziemlich hart gewesen.»

Das Gefühl der Machtlosigkeit

Vielen Menschen in einer Trennungskrise fällt es sehr schwer, die eigene Machtlosigkeit gegenüber ihrer Situation anzunehmen und mit der Angst umzugehen, daß sie den Wandel, der sich in ihrem Leben vollzieht, nicht unter Kontrolle haben. Sie haben bisher den größten Teil ihres Lebens damit verbracht, Situationen zu planen, so daß sie kontrolliert abliefen. Dieses Problem treffe ich häufig bei beruflich erfolgreichen, gebildeten und attraktiven Männern und Frauen an. Sie verstehen einfach nicht, daß sie die Beziehung nicht auf irgendeine Weise zurückkaufen, -locken oder -zaubern können.

Es spielt keine Rolle, wieviel man erreicht hat, wie erfolgreich oder attraktiv man ist, es steht nicht in der eigenen Macht, eine Beziehung aufrechtzuerhalten, die zerbrochen ist. In der Phantasie mag sie noch existieren, aber die Realität bleibt, wie sie ist. Illusionen nachzuhängen, anstatt sich mit der Realität der Situation auseinanderzusetzen, verzögert nur die Fortschritte in einer Trennungskrise und erschwert es insbesondere, die Phase des Verzichts zu überwinden.

Als Todd, Mitglied einer der größten Verlegerfamilien in den Vereinigten Staaten, mich aufsuchte, war er entschlossen und unsicher zugleich. Er war Anfang Vierzig, attraktiv, selbstbewußt und makellos gekleidet. Er hatte alles in seinem Leben geplant, auch die Art von Frau, die er einmal heiraten wollte. Als er Barbara kennenlernte, die Herausgeberin einer beliebten Frauenzeitschrift, wußte er, daß er die perfekte Frau gefunden hatte; er fand, daß ihre beruflichen Laufbahnen sich wunderbar ergänzten.

Eigentlich suchte er mich nicht auf, weil er Hilfe in seiner Verzweiflung oder seinem Kummer brauchte, sondern weil er wissen wollte, was er denn tun sollte, um sie zurückzubekommen. Barbara hatte ihn vor drei Monaten wegen eines jungen Schriftstellers verlassen, der kaum dazu in der Lage war, die Miete aufzubringen. Sie hatte sich nicht nur eine eigene Wohnung gekauft, sondern hatte den jungen Schriftsteller auch noch bei sich aufgenommen.

Todd weigerte sich, dies zu akzeptieren. Er konnte sich nicht vorstellen, was um alles in der Welt sie in diesem jungen Möchtegern sah, der sich so abstrampeln mußte. Immer neue Frustrationen fügte er sich zu, indem er ihr weiterhin jeden Tag Blumen schickte, jede Woche teure Geschenke in ihr Büro bringen ließ und einen Wagen mit Chauffeur besorgte, der sie jeden Abend von der Arbeit abholte.

Die Geschenke wurden zurückgeschickt, die Blumen abgelehnt und der Wagen blieb Abend für Abend unbenutzt stehen. Barbara war einfach nicht mehr interessiert; alle Macht und alles Geld der Welt konnten sie nicht zurückbringen. Sie war erfolgreich und konnte ihr Leben allein meistern, so daß ihre Bedürfnisse weit tiefer gingen als alles, was Todd anzubieten hatte.

Als Todd erzählte, hatte ich das Gefühl, an einem Treffen von Börsenmaklern teilzunehmen, die über eine Fusionierung oder einen Aktienhandel berieten. Da saß er zurückgelehnt auf dem Stuhl, die Arme über die Brust verschränkt, die Beine übereinandergeschlagen; einer der mächtigsten Männer im Verlagswesen sah mich fragend an und erwartete Antworten. «Sie müssen es wissen, Dr. Gullo. Sie sind der Experte in Liebesdingen. Was muß ich tun, um sie zurückzubekommen? Ich würde alles unternehmen.»

«Gar nichts werden Sie unternehmen, Todd, außer weiterzuleben und sich von Illusionen freizumachen. Nehmen Sie es als Tatsache hin, daß Ihre Beziehung vorbei ist, und vertrauen Sie darauf, daß schließlich ein anderer Mensch Teil Ihres Lebens wird.»

Ungläubig sah er mich an. «Das stimmt nicht. Wenn ich eine Sache gelernt habe, dann dies: daß es für jedes Problem eine Lösung gibt und daß alles lösbar ist.»

Ich entgegnete: «Barbara ist keine geschäftliche Transaktion. Sie ist eine Frau mit Bedürfnissen, denen im Moment jemand anders entspricht. Je eher Sie akzeptieren, daß Sie ihrer Entscheidung machtlos gegenüberstehen, desto leichter wird es für Sie. Sie können einen anderen Menschen nicht dazu zwingen, Sie zu lieben.»

Aufgebracht verließ Todd mein Büro, völlig unzufrieden mit meiner Antwort. Einen Monat lang hörte ich nichts von ihm, bis er mich eines Tages anrief.

«Okay, Dr. Gullo, ich habe verstanden. Was nun? Ich habe solche Angst davor, von meiner Illusion zu lassen, bin aber emotional so kaputt, daß ich in nichts mehr einen Sinn sehe ... Es ist alles so schwer. Ich stand immer auf der Seite der Gewinner ... Ich weiß nicht, was ich machen soll ...»

Ich begann, ihm die Phasen und Symptome einer Trennungskrise auseinanderzusetzen und ihm zu erklären, daß er sich in der zweiten Phase, der Phase des Kummers, befand. Ich versicherte ihm, daß es, so wie es einen Anfang gegeben hatte, mit der Zeit auch ein Ende geben würde. Da er sich endlich seine Machtlosigkeit in dieser Situation eingestanden hatte, verringerten sich seine Ängste, und er begann, sich konstruktiv durch seine Trennungskrise hindurchzuarbeiten.

Die therapeutischen Aspekte der Angst

Sich seinen Ängsten ehrlich zu stellen, ist wie ein langer, kritischer Blick in den Spiegel. Mängel werden sichtbar. Die Ängste, die während der verschiedenen Phasen einer Trennungskrise auftauchen, sind oft Anzeichen allgemeiner Verwundbarkeiten und Schwächen – der persönlichen Dämonen, die korrigierbar sind.

Als Marjorie sich durch die Furcht in ihrer Trennungskrise hindurcharbeitete, erkannte sie, daß ihr ganzes Leben von Ängsten bestimmt war. Wenn sie im Büro einen Bericht nicht fertigbekommen hatte, lag sie die ganze Nacht wach, weil sie fürchtete, am nächsten Morgen nicht früh genug aufzuwachen, um die Arbeit rechtzeitig beenden zu können. Zwei Wochen vor ihrer jährlichen Routineuntersuchung beim Arzt bekam sie Angst, weil sie überzeugt war, der Arzt würde sicher eine seltene, unheilbare Krankheit an ihr entdecken. Um alles machte sie sich Sorgen. Ihr Leben war angefüllt mit lauter «Was ist, wenn»: Was ist, wenn ich meine Stelle verliere? Was ist, wenn ich kein Geld mehr habe? Was ist, wenn ich einen Autounfall habe? Was ist, wenn mich keiner mehr liebt?

Sie erkannte, daß sie lernen mußte, ihre Ängste zu beherrschen, gleichgültig, welche Liebesbeziehung sie einmal eingehen würde; sie verstand, wie wichtig es war, daß sie sich in erster Linie nach dem eigenen Ich ausrichtete. Alles andere würde schließlich auch einen Platz bekommen.

Marjorie lernte zu meditieren und fing an, sich mit den verschiedenen Formen der Entspannungstherapien zu beschäftigen. Freiwillig machte sie Überstunden im Büro und nutzte das zusätzliche Einkommen dazu, in einen Fitneßklub einzutreten und schwimmen zu lernen. Das wichtigste war, daß sie sich auf die Gegenwart konzentrierte, daß sie das Jetzt schätzen lernte und es genoß. Sie machte sich keine Gedanken mehr über die Zukunft. In dem Maße, wie ihre Ängste abnahmen, verschwanden auch ihre «Was ist, wenn»-Fragen.

Es ist schmerzlich, den persönlichen Dämonen gegenüberzutreten. Wer es jedoch tut, wird sich bewußt, daß die Erfahrung der Trennungskrise es ihm ermöglicht, ein stärkeres Selbstbewußtsein zu entwickeln. Ein wunderbares Gefühl der Selbstbestimmung entsteht, wenn man sein Leben in den Griff bekommt und mit dem Schmerz der Trennungskrise fertig wird, statt sich von Ängsten auffressen zu lassen.

3   Verlassen oder verlassen werden?

Nur selten kommt es vor, daß zwei Partner gleichzeitig und in beiderseitigem Einvernehmen eine Beziehung beenden wollen. In einer Trennungskrise gibt es für gewöhnlich zwei Rollen: ein Partner, der verläßt, und der andere Partner, der verlassen wird.

Man geht meist davon aus, daß das typische Opfer in einer Trennungskrise der Partner ist, der verlassen wird. Je mehr Menschen ich jedoch in einer Trennungskrise behandelt habe, desto häufiger konnte ich feststellen, daß der Partner, der eine Beziehung beendet, ebenso schwer leiden und ebenso viele Ängste erfahren kann wie der Partner, der verlassen wird. Es ist immer der Partner, für den die Liebesbeziehung am meisten bedeutete, der auch am meisten unter der Trennung leidet; denn er hat mehr Zeit und Energie in die Beziehung investiert und verliert letzten Endes einen größeren Teil seiner selbst.

Freiwillig oder unfreiwillig verlassen

Wenn es überhaupt bei Beendigung einer Liebesbeziehung eine «gute» Ausgangsposition geben kann, so ist es die des freiwilligen Verlassens. In dieser Position haben Sie sich bereits emotional und rational von der Beziehung gelöst, noch während Sie mit dem Partner zusammenleben. Vielleicht haben Sie diesen Prozeß langsam vollzogen; vielleicht hat Ihre Liebe zum Partner allmählich nachgelassen, da andere Aspekte Ihres Lebens an Bedeutung gewannen und die Liebesbeziehung für Ihr Leben nicht mehr so wichtig war. Vielleicht haben Sie sogar von Anfang an keine tiefgreifende Liebe für den anderen Partner empfunden. Wenn Sie sich dann dazu entschließen, die Beziehung auch physisch aufzugeben, vollziehen Sie das, was Sie bereits gedanklich gelöst haben.

Wenn Sie den Partner freiwillig verlassen, spüren Sie vielleicht zu Anfang eine gewisse Traurigkeit darüber, daß die Beziehung Ihnen nichts mehr bedeutet und ein Ende haben wird, aber Ihre Laufzeit durch die Trennungskrise wird wahrscheinlich sehr kurz sein. Es kann sogar sein, daß Sie keine wirkliche Trennungskrise erfahren. Zum Zeitpunkt der tatsächlichen Beendigung einer Beziehung sind Sie mit der Trennungskrise bereits fertig geworden, indem Sie sich ganz allmählich von der Beziehung losgelöst haben, bis es Ihnen ohne Schwierigkeiten möglich war, sie schließlich zu beenden.

Die schwierigste Erfahrung während einer Trennungskrise für den Partner, der den anderen verläßt, ist üblicherweise sein Schuldgefühl, wenn der Verlassene nicht einsehen will, daß die Beziehung zerbrochen ist. Dann spielt es keine Rolle, daß Sie emotional von der Beziehung bereits Abstand genommen haben. Es ist sehr schwer, den verlassenen Partner leiden zu sehen. Ihre größte Sorge gilt dann seinem Wohl.

So ging es Sharon, als sie beschloß, ihre 24jährige Ehe mit Jeff zu beenden. Sharon war achtzehn und Jeff fünfundzwanzig, als sie heirateten. Sharon hatte gerade die High-School abgeschlossen, und Jeff führte ein Restaurant, das sehr beliebt war. Den Besuch eines College konnte sie sich nicht leisten, wollte aber unbedingt aus der Enge ihrer konservativen, religiösen Familie ausbrechen. Als Jeff ihr den Heiratsantrag machte, war es für sie ein leichtes, einzuwilligen. Innerhalb von sechs Jahren bekamen sie dann drei Kinder. Als das jüngste das Schulalter erreichte, besuchte Sharon halbtags das College. Es war nicht einfach, den Anforderungen als Mutter, Ehefrau und Schülerin gleichzeitig gerecht zu werden, aber sie schaffte es und erreichte nach sechs Jahren ihren College-Abschluß. Jeff bewunderte Sharons Energie und Fähigkeit, all ihre Pflichten und Ziele in Einklang zu bringen. Sie begann zu studieren, machte ihren Magister in Psychologie und beschloß, da ihr die Arbeit im akademischen Bereich soviel Spaß bereitete, zu promovieren. Als ihr jüngstes Kind in die Oberstufe kam, war Sharon erst zweiundvierzig und mittlerweile Dozentin. An diesem Punkt wollte sie ihre Ehe beenden. Sie mochte Jeff noch immer, liebte ihn aber nicht mehr. Sie hatte sich persönlich weiterentwickelt und sich dabei immer mehr von ihm entfernt. Sie hatten keine gemeinsamen Bezugspunkte mehr außer den Kindern, und die standen inzwischen auf eigenen Füßen. Jeff aber liebte und achtete Sharon mehr denn je. Er fand sie um so attraktiver, je mehr sie leistete.

Als Sharon mich aufsuchte, tat sie es für Jeff, nicht für sich selbst. Die stärkste Empfindung, die sie fühlte, war Schuld, weil sie ihm so viel seelischen Schmerz bereitete. Dieses Schuldgefühl war jedoch nicht selbstzerstörerisch und konnte sie auch nicht davon abhalten, ihren einmal eingeschlagenen Weg weiterzuverfolgen. Sie hatte sich schon eine Wohnung gesucht und stand kurz davor, auszuziehen. Das einzige, was sie noch zögern ließ, war die Furcht, wie Jeff reagieren würde, wenn sie ihn endgültig verließ.

«Dr. Gullo, ich kann nicht mit einer Lüge leben. Auch während meines Studiums war ich immer eine gute Ehefrau und Mutter. Aber jetzt, wo die Kinder aus dem Haus sind, geht es einfach nicht mehr. Ich fühle mich, als lebte ich mit einem Fremden zusammen. Im Laufe der Jahre habe ich einfach aufgehört, ihn zu lieben, glaube ich. Aber ich weiß nicht, was ich machen soll. Jeff sieht diesen Riß nicht und will ihn nicht akzeptieren. Ständig weint er, hängt sich buchstäblich an meinen Hals und fleht mich an, ihn nicht zu verlassen.»

Während sie mir dies alles mitteilte, war sie ruhig und sachlich. Ihre Sorge um Jeff war echt; es war aber ganz deutlich, daß sie sich emotional von ihm befreit hatte und bestrebt war, ihr eigenes Leben zu führen. Auf die Frage: «Was soll ich machen?» gab ich ihr zur Antwort, daß sie nichts tun könne. Sie hatte die Situation im Griff. Sie hatte eine schwierige Entscheidung gefällt und war allein damit fertig geworden. Probleme und seelischer Schmerz lagen bei Jeff, und nur er selbst konnte darüber hinwegkommen. Der einzig konstruktive Rat, den ich ihr geben konnte, war, Jeff einen Besuch bei mir vorzuschlagen, so daß ich ihm helfen konnte, seine Gefühle in den Griff zu bekommen und zu verstehen, was er erlebte. Ich betonte jedoch, daß dies ein Prozeß war, den er allein zu bewältigen hatte.

Wenn Sie eine Beziehung freiwillig verlassen, haben Sie sich bereits emotional distanziert und befinden sich wahrscheinlich in den letzten beiden Phasen der Trennungskrise: Reorganisation und Loslösung. An irgendeinem Punkt in der Beziehung haben Sie Ihre emotionale Bindung an den Partner bereits gelöst; vermutlich als Ergebnis eines unmerklich verlaufenden, langsamen Prozesses, den Sie vielleicht nicht einmal bewußt mitbekommen haben. Eines Tages beschlossen Sie, die Beziehung tatsächlich aufzugeben. Sharon befand sich in der letzten Phase der Loslösung, als sie Jeff eröffnete, daß sie ihn verlassen würde: Sie war entschlossen und bereit, ein neues Leben zu beginnen.

Opfer und Täter

Während der Partner, der von sich aus eine Beziehung beendet, unter der Trennungskrise am wenigsten leidet und sich am ehesten unter Kontrolle behält, kann der Partner, der unfreiwillig eine Beziehung beendet, ebensoviel seelischen Schmerz und ein ebensolches Trauma erleiden wie der Partner, der verlassen wird. Manchmal sogar noch mehr, da er Täter und Opfer zugleich ist. Opfer, weil er immer noch den anderen Partner liebt, Täter, weil er die Partnerschaft beenden muß, da der seelische Schmerz, den die Beziehung ihm zufügt, größer ist als die Freude daran. Dies ist eine schwerwiegende Spaltung der Gefühle, die überwunden werden muß.

Der Schmerz, den es kostet, sich vom Partner zu lösen, kann verschiedene Ursachen haben, und wenn es nur die Tatsache ist, daß man glaubt, nicht mehr anerkannt oder überhaupt wahrgenommen zu werden. Man bekommt nicht die Aufmerksamkeit, die man braucht. Man fühlt sich in gewisser Weise bereits verlassen und führt lediglich das aus, von dem man glaubt, der andere habe es bereits vollzogen.

In diesem Dilemma steckte Denise, als sie mich aufsuchte, nachdem sie Cliff verlassen hatte. Cliff war ein erfolgreicher Dermatologe und pendelte zwischen seiner Praxis in Manhattan und seinem Haus in Connecticut hin und her. «Ich liebe ihn sehr, Dr. Gullo, und ich sehe auch, daß er mit seiner überlaufenen Praxis und dem Hin und Her unter Streß steht, aber er hat offenbar keine Minute Zeit übrig. Für mich ist es so, daß ich mein Leben damit verbringe, auf ihn zu warten.»

«Was ist mit den Wochenenden? Machen Sie Ausflüge oder treiben Sie gemeinsam Sport?»

«Sport, ha! Ich bin diesen Baseball, Football und Basketball so leid, daß ich schreien könnte! Gibt es so was wie eine

‹Sportsucht›? Wenn er nicht vor der Glotze hockt, sitzt er irgendwo in einem Stadion. Manchmal gehe ich ja mit, nur um bei ihm zu sein, aber es ist schon schwer, sich jemandem nah zu fühlen, wenn drumherum Tausende von Menschen schreien.»

«Haben Sie mit ihm darüber geredet, was Sie empfinden, und Vorschläge gemacht, was Sie gern unternehmen würden?»

«Dr. Gullo, ich habe alles versucht, seine Aufmerksamkeit auf mich zu lenken. Eines Abends, als er sich ein Endspiel ansah, setzte ich mich sogar in einem schwarzen Strumpfhalter und schwarzen Spitzenstrümpfen neben ihn auf die Couch.»

«Und?»

«Nichts. Null Reaktion! Er tätschelte gerade eben meinen Oberschenkel und sah sich das Spiel weiter an.»

Denise war Mitte Dreißig und sah gut aus mit ihren roten Haaren. Ich konnte es kaum glauben, daß die Kombination von langen roten Haaren mit schwarzer Reizwäsche Cliff nicht angesprochen hatte. Aber wie sie so vor mir saß, mit diesem Gesichtsausdruck, und an den Fingernägeln kaute, wußte ich, daß ihre Geschichte der Wahrheit entsprach.

«Jedesmal, wenn ich ihm sage, daß ich ein wenig mehr Aufmerksamkeit brauche, lautet seine pauschale Antwort: ‹Was willst du denn noch, Denise? Du hast ein schönes Haus und schöne Kleider; du kannst tun und lassen, was du willst. Aber das alles ist dir nicht genug. Ich arbeite hart, um all das bezahlen zu können, und brauche meine Zeit, mich zu entspannen. Dabei hilft mir der Sport. Warum siehst du das nicht ein?»

«Glauben Sie, daß er eine andere Frau hat? Ich weiß, es ist unangenehm, an so etwas zu denken, aber wäre das möglich?»

«Nein! Ich will Sie nicht kränken, Dr. Gullo – aber ich bin

sicher, daß ich es wüßte. Ich bin sicher, *das* würde ich spüren!»

«Waren Sie schon einmal bei einer Eheberatung?» fragte ich.

«Er lehnt es ab. Er ist der Meinung, das sei mein Problem. Vor zwei Monaten bin ich dann ausgezogen.» Sie beugte sich über meinen Schreibtisch, stützte den Kopf in ihre Hände und sah mich verdrießlich an. «Was mache ich nur? Ich liebe ihn und vermisse ihn so sehr.»

«Haben Sie darüber nachgedacht, zu ihm zurückzukehren?»

«Zurückkehren zu was? Selbst wenn er *da* ist, ist er nicht anwesend. So sehr ich ihn auch liebe, ich bin nicht glücklich, und ich werde es auch nie sein!»

Ob es etwas so Grundlegendes ist wie mangelnde Aufmerksamkeit, wie bei Denise, oder etwas viel Dramatischeres wie z. B. körperliche Mißhandlung – jede Situation ist einzigartig. Der Schweregrad des Problems, das Sie zu diesem letzten Schritt veranlaßt, hängt von Ihrer Sensibilität und Ihren Lebensgrundsätzen ab.

Dinge, mit denen der eine in einer Beziehung fertig wird, sind für den anderen vielleicht untragbar. Der einen Frau mag es nichts ausmachen, wenn der Mann außereheliche Beziehungen unterhält, solange er diskret verfährt. Es macht ihr nichts aus, solange sie tun und lassen kann, was sie will. Vielleicht unterhält sie sogar eigene außereheliche Beziehungen. Eine andere Frau jedoch leidet unter der Untreue ihres Mannes, ungeachtet der materiellen Annehmlichkeiten und Sicherheiten, die die Beziehung bietet.

So war es bei Julia und Brett. Sie besaßen drei Häuser, hatten zwei Kinder, Pferde und gehörten einem Country Club an – ein Karussell von Abwechslungen und gesellschaftlichen Aktivitäten. Julia jedoch empfand das ständige Flirten von Brett auf Partys als beleidigend und erniedrigend. Sie konnte das Leben im Luxus nicht genießen, da sie sich ständig voller Mißtrauen und Wahnvorstellungen fragte, ob Brett tatsächlich mit diesen Frauen schlief, mit denen er flirtete. Sie sprach mit ihm über sein Verhalten und wie sie sich dabei fühlte, aber es änderte nichts. Schließlich weigerte Julia sich, mit Brett noch zu irgendeiner Party oder anderen gesellschaftlichen Veranstaltung zu gehen. Ständig stritten sie sich, und Brett hielt sie für verrückt. Mit dem Gedanken, daß er recht haben könnte, suchte Julia einen Berater auf. Aber als der Therapeut Brett ebenfalls zu einem Gespräch sehen wollte, weigerte sich dieser.

Julia besaß, wie Denise, viele materielle Annehmlichkeiten, auf emotionaler Ebene fühlte sie sich vernachlässigt. Sie erzählte mir, die glücklichste Zeit ihrer Beziehung sei gewesen, als Brett sich abmühte, Börsenmakler an der Wall Street zu werden. Es hatte ihr nichts ausgemacht, daß sie, wollten sie einmal groß ausgehen, den Abend bei Pizza, billigem Rotwein und Kerzenlicht verbrachten, denn sie waren zusammen und hingen gemeinsamen Wünschen und Träumen nach. Inzwischen hatte sie das Gefühl, eines seiner Besitztümer zu sein. Von Mißtrauen gequält, beschloß sie, die Scheidung einzureichen.

Als der Partner, der eine Beziehung gezwungenermaßen beendet, ergreift man nicht nur die Flucht vor einer schmerzlichen Beziehung, sondern versucht seltsamerweise gleichzeitig, sie noch zu retten. Der Entschluß, eine Beziehung zu beenden, ist vielleicht nicht mehr als ein Hilferuf. Man sagt: «Du bereitest mir so großen Schmerz, daß ich dich verlassen muß», meint aber: «Ich will, daß du aufhörst, mir weh zu tun, so daß ich dich nicht verlassen muß.»

Matthew z. B. beabsichtigte dies, als er Vicki wegen ihres Alkoholismus verließ. Er liebte sie innig, aber er konnte es nicht mit ansehen, wie sie sich selbst zerstörte. Es waren nicht die Verabredungen, die sie vergaß, die Restaurantbesuche, die mit peinlichen Szenen endeten, oder die Abendgesellschaften, die verheerend ausgingen. Es war der Abend, an dem er nach Hause kam und sie auf der Couch ausgestreckt vorfand, das Essen angebrannt auf dem Herd, als er endlich beschloß, sie zu verlassen.

Später sagte er mir: «Das war der Tropfen, der das Faß zum Überlaufen brachte. All die Erniedrigungen, die ich mitgemacht hatte, kamen in mir hoch, so daß ich dachte, ich müßte explodieren. Wie ich sie da vor mir sah, so schlampig und laut schnarchend auf der Couch, während die Kartoffeln auf dem Herd anbrannten, empfand ich einen Widerwillen gegen sie, der mich erschreckte. Ich fragte mich, wie ich eine Frau dermaßen verabscheuen und lieben konnte. Ich mußte fort.»

Matthew kam zu mir, als er zwischen den Phasen des Kummers und der Schuldzuweisung hin und her pendelte, wie es ganz typisch ist für jemanden, der den Partner unfreiwillig verlassen hat. Ohne Zweifel liebte er Vicki immer noch, war aber wütend darüber, daß sie durch ihren Alkoholmißbrauch ihr gemeinsames Leben zerstört hatte. Es gab Tage, an denen er Zeter und Mordio schrie, weil sie so wenig Selbstdisziplin aufgebracht hatte und ihr Problem überhaupt nicht in die Hand nehmen wollte; eine Woche später weinte er während unserer Sitzung, weil er sie so sehr vermißte. Dann wiederum machte er sich selbst für ihre Trunksucht verantwortlich. Der klassische Satz «Wenn ich doch nur dies oder jenes getan hätte» tauchte immer wieder in unseren Gesprächen auf. Und er begann, wie dies oft der Fall ist bei einem Partner, der eine Beziehung unfreiwillig beendet, sich einzureden, daß er auf ihr Problem überreagiert hätte. Schließlich gelangte er zu der Überzeugung, er habe die falsche Entscheidung getroffen. Seine Schuldgefühle und sein Kummer hatten ihn zermürbt; und einen Monat, nachdem er Vicki verlassen hatte, kehrte er zu ihr zurück. Es hatte sich jedoch nichts verändert, und er sah ein, daß es doch die richtige Entscheidung gewesen war, sie zu verlassen. Daher zog er zwei Monate später wieder aus.

Während dieser Zeit kam er nach wie vor zu mir, und es bestand kein Zweifel darüber, daß dieser Mann seine eigene persönliche Hölle durchmachte.

Charakteristisch für einen Partner, der eine Beziehung unfreiwillig beendet, ist dieses extreme Hin und Her, eine Beziehung wiederaufzunehmen, nur um sie dann erneut aufzugeben. Der seelische Schmerz wird zur Qual; Täter und Opfer, die in dem Partner, der den anderen unfreiwillig verläßt, unversöhnt nebeneinander stehen, spalten die Persönlichkeit. Immer wieder erinnere ich den Partner, der den anderen unfreiwillig verläßt, daran, daß Taten mehr aussagen als Worte: Bevor Sie in die Beziehung zurückkehren, prüfen Sie nach, ob es Anzeichen einer tatsächlichen Veränderung gibt.

Matthews Trennungskrise forderte nicht nur einen emotionalen, sondern auch einen physischen Tribut. Er begann unter Migräne zu leiden, und das hübsche Gesicht dieses Sechsunddreißigjährigen spiegelte seinen inneren Schmerz, denn ein entzündlicher Ausschlag breitete sich darauf aus. Erst als er Vicki zum zweiten Mal verließ, war er in der Lage, die Phase des Verzichts zu erreichen. Mit jedem Tag, an dem er sich emotional weiter von ihr entfernte, entließ er sie mehr aus seinem Leben. Je stärker er wurde, desto weniger erreichten ihn ihre Bitten zurückzukehren und ihr Versprechen, sich zu ändern. Es dauerte jedoch ein ganzes Jahr, bis er mit seinem Alleinsein zurechtkam und bis er wieder Verabredungen eingehen konnte.

Es kann auch sein, daß Sie sich während der Phase der Reorganisation wieder mit Ihrem Partner zusammentun, *wenn* er oder sie das frühere Verhalten geändert hat, das Sie so abstoßend fanden. Ist tatsächlich eine drastische Veränderung im Verhalten eingetreten und Sie beide wollen an Ihrer Beziehung arbeiten, können Sie die Trennungskrise in jeder beliebigen Phase beenden. Wurde das Verhalten korrigiert und sind die Probleme, die die Partnerschaft auseinandergebracht haben, verschwunden, können Sie vielleicht von vorn beginnen, weil die Dynamik der Beziehung eine andere geworden ist.

Wenn beide Partner einverstanden sind, kann eine Familienberatung heilsam sein und die Basis für eine wirklich neue Beziehung schaffen. Hätte Vicki ernsthaft nach Abhilfe gesucht und die Veränderungen, die sie ständig versprach, auch tatsächlich vorgenommen, so hätte für Matthew und sie durchaus eine Chance bestanden, ihre Beziehung wiederaufzunehmen. Seine Liebe war stark genug.

Ich möchte jedoch betonen, daß Familienberatung und -therapie keine Zaubermittel sind. Sie sind nur dann heilsam, wenn beide Partner wirklich an ihrer Beziehung arbeiten wollen. Eine Liebesbeziehung braucht in der Tat zwei Partner, um funktionieren zu können.

Oft geht der eine Partner zu einer Therapie, um den Schmerz des anderen zu lindern, in der Hoffnung, ihm damit zu der Einsicht verhelfen zu können, daß die Beziehung vorüber ist, oder um die eigenen Schuldgefühle zu erleichtern. Viele Paare, die eine Therapie beginnen, entscheiden sich trotzdem oft für eine Trennung, weil im Verlauf der Therapie nur noch deutlicher wird, wo die Realitäten der Beziehung liegen. Wenn Sie also einen Therapeuten oder Eheberater aufsuchen, weil Sie auf diesem Wege Ihre Beziehung wieder in Ordnung bringen wollen, so müssen Sie wissen, daß es keine Garantie gibt. Endet die Beziehung trotz Ihrer Bemühungen, so tragen Sie wenigstens die Gewißheit davon, daß Sie Ihr Bestes taten, sie aufrechtzuerhalten.

Das eigentliche Opfer

So groß die emotionale Belastung auch sein mag, wenn man derjenige Partner ist, der den anderen verläßt, so ist der verlassene Partner das klassische Opfer bei der Beendigung einer Zweierbeziehung. Als Partner, der den anderen unfreiwillig verläßt, leiden Sie sicher auch und fühlen sich zusätzlich noch schuldig, weil Sie die Beziehung beendet haben, aber Sie haben den großen Vorteil, sich unter Kontrolle zu haben. Da Sie die Trennung herbeiführen, haben Sie Zeit gehabt, sich rational, emotional und sogar finanziell darauf vorzubereiten. Aber als verlassener Partner haben Sie keine Kontrolle über die Ereignisse; es ist so, als würden Sie den Boden unter den Füßen verlieren. Sie sind hilflos, denn der Schlag der Trennung verursacht tiefste Verzweiflung.

Gab es wenige oder gar keine Anzeichen für Probleme in der Beziehung, erleiden Sie einen Schock, wenn Sie vom Ende der Beziehung erfahren. Sie sind wie betäubt und wollen es zunächst nicht wahrhaben. Auch wenn der Partner noch so sensibel und vorsichtig vorgeht bei der Beendigung der Beziehung, werden Sie eine Trennungskrise erfahren.

Alison brachte Seth die Tatsache bei, daß ihre Ehe am Ende war, als sie mit einem der besten Freunde von Seth zu Abend aßen. Während des Essens wandte sie sich an Seth und sagte: «Ich bin so froh, daß du Bert eingeladen hast, weil ich heute abend etwas besprechen möchte. Und ich bin so froh, daß er hier ist, weil er dir dann ein wenig helfen kann.» Dann fuhr sie fort: «Verzeih den Zeitpunkt und die Gelegenheit, aber ich möchte mich von dir scheiden lassen.»

Bert verschluckte sich, Seth ließ seine Gabel sinken und erbleichte. Dies war für ihn die erste Andeutung, daß mit seiner Ehe etwas nicht stimmte. Alison und er waren beide Anfang Fünfzig und hatten sich in einem für seine Begriffe bequemen und glücklichen Leben etabliert. Sie unternahmen Reisen, spielten an den Wochenenden Golf miteinander und liebten sich mindestens einmal in der Woche. Gut zwei Wochen befand sich Seth in einem Schockzustand, bevor er auch nur begann, gefühlsmäßig zu begreifen, was geschehen war.

An einem Gesprächskreis, bei dem es um Männer ging, die von ihren Frauen verlassen worden waren, nahm einmal ein erfolgreicher Elektriker teil, der immer noch nicht daran glauben wollte, daß seine Frau ihn vor einem Monat verlassen hatte. Er selbst hatte immer alles getan, damit ihre Ehe funktionierte. Er hatte sich immer bemüht, die Bedürfnisse seiner Frau zu erkennen, und hatte sogar freiwillig Aufgaben im Haushalt übernommen, da sie beide einem Beruf nachgingen. Auch an die kleinen Dinge hatte er immer gedacht und sie oft ohne besonderen Anlaß mit kleinen Geschenken oder Blumen überrascht.

«Eines Tages, als sie aus dem Krankenhaus kam, wo sie als technische Laborantin arbeitet, kündigte sie wie aus heiterem Himmel an, daß sie sich scheiden lassen wollte, da sie das Gefühl habe, wir hätten uns auseinandergelebt; sie liebe mich nicht mehr.» Schmerz und Verblüffung waren so tief in sein Gesicht eingegraben, daß ich befürchtete, er würde vor den anderen Teilnehmern des Gesprächskreises zusammenbrechen. Ich konnte keine Antwort geben, keinen Schluß ziehen außer dem, daß es manchmal vorkommt, daß Menschen aufhören zu lieben, ohne daß ein bestimmter Grund vorzuliegen scheint.

Der Schock ist dann am nachhaltigsten, wenn die Ankündigung der Trennung unerwartet kommt, wie es bei Seth der Fall war; aber auch wenn Sie wissen, daß sie bevorsteht, ist der Augenblick der Eröffnung schlimmer als alles, was Sie sich vorstellen konnten. Auch dann noch können Sie einen tiefgreifenden Schock erleben. Plötzlich zu erfahren, daß man den Partner nicht mehr sehen, ihn nicht mehr sprechen oder mit ihm nicht mehr auf derselben intimen Ebene verkehren kann, ist psychisch immer vernichtend. Auch wenn Sie sich der Probleme bewußt waren, die sich angesammelt hatten, der Unterschiede und Schwierigkeiten, die Sie bereits auseinandergebracht hatten, sind Sie nie auf den emotionalen Sturm vorbereitet, der der Zurückweisung durch den Partner folgt. Deshalb ist der Beginn der Trennungskrise, vor allem die ersten beiden Phasen des Schocks und des Kummers, so verheerend. Alles Nachdenken und alle rationalen Vorbereitungen auf diesen Augenblick sind wie Feuerlöschübungen: Sie verblassen vor der Realität.

Auseinandersetzung mit dem eigenen Versagen

Zum Liebesverlust kommt als zusätzliches Problem für den Partner, der verlassen wird, noch hinzu, daß er sein Selbstwertgefühl verliert. Er erlebt ein tiefgreifendes Gefühl des Versagens und der Unzulänglichkeit. Eine Zurückweisung, gleich in welcher Form, ist nie leicht zu verkraften. Wenn es aber Liebe ist, die Sie mit einem anderen Menschen geteilt haben und die Sie weiterhin geben wollen, die aber zurückgewiesen wird, so ist dies für gewöhnlich der härteste Schlag.

Depression und Hoffnungslosigkeit, die am intensivsten während der Phase des Kummers auftreten, können Sie so fertigmachen, daß Sie es schwierig finden, überhaupt noch mit dem Leben zurechtzukommen. Als der verlassene Partner glauben Sie, daß Sie es nicht wert sind, geliebt zu werden, und daß Sie zu niemandem passen. Diese Gefühle der Unzulänglichkeit können sich auch auf andere Bereiche Ihres Lebens ausbreiten, und wenn sie dann nicht richtig bewältigt werden, kann dies zu einem beruflichen Abstieg oder dem Verlust Ihrer Freunde führen. Durch die Trennungskrise wird Ihr Leben erstickt.

Zwei Monate nachdem Alison ausgezogen war, berichtete mir Seth: «Was meine Gefühle betrifft, Dr. Gullo: Ich fühle mich wirklich so, als wäre mein Leben vorbei. Ich weiß nicht, wie ich weitermachen soll ...» An diesem Punkt begann er zu weinen – ein ehemaliger Börsenmakler, der sich in seinen Kummer vergräbt. Zur Bewältigung dieser zweiten Phase benötigte er ein paar Monate, während deren er viele Geschäfte verpaßte und mehr als einen Freund verlor.

Auch bei Partnern, die eine Beziehung von sich aus beenden, vor allem wenn es unfreiwillig geschieht, kommt es nicht selten vor, daß auch sie glauben, versagt zu haben, weil sie unfähig waren, die Beziehung aufrechtzuerhalten. Matthew war davon überzeugt, ein schrecklicher Versager zu sein, weil er es nicht fertiggebracht hatte, Vicki vom Trinken abzubringen; eine Zeitlang nahm er die Last ihres Alkoholismus auf sich. Denise befürchtete, überhaupt nicht fähig zu sein, eine Liebesbeziehung aufrechtzuerhalten, da Cliff schon ihr zweiter Mann war. Julia war der Meinung, daß Bretts Augen vielleicht nicht so oft auf Wanderschaft gegangen wären, wenn sie aufregender gewesen wäre, und sie ihn nicht hätte verlassen müssen.

Wenn dieses Gefühl des Versagens und der eigenen Unzulänglichkeit Sie ergreift, ist es wichtig, sich daran zu erinnern, daß Sie nur für Ihr eigenes Verhalten in einer Beziehung verantwortlich sind und Sie einen anderen Menschen nicht dazu bringen können, sein Verhalten zu ändern, wenn er es nicht will. Ihre einzige Sorge sollte den Veränderungen gelten, die Sie für sich in Angriff nehmen müssen. Deshalb erinnere ich meine Patienten in einer Trennungskrise ständig daran, daß die Aufrechterhaltung einer Liebesbeziehung ein gegenseitiges Einvernehmen voraussetzt.

4 Die persönliche Laufzeit durch die Trennungskrise

Als Caroline zur fünften Sitzung bei mir erschien, sah ich, wie sie vor Wut kochte und ihre Augen Feuer sprühten. Sie war jede zweite Woche zu mir gekommen, seitdem ihr Mann Bill sie wegen einer anderen Frau verlassen hatte – eine Tatsache, die mich in Anbetracht ihres guten Aussehens und ihrer erfahrenen, ruhigen Lebenshaltung einigermaßen erstaunte. Ich habe jedoch im Laufe meiner Arbeit mit Patienten in einer Trennungskrise gelernt, daß jeder Fall einzigartig ist und daß es immer Gründe für eine Trennung gibt, seien sie auch noch so seltsam. In den ersten Phasen der Trennungskrise, vor allem in der Phase des Kummers und in der Phase der Schuldzuweisung, sollte man noch nicht in alle Einzelheiten der Trennung gehen. Viel wichtiger ist es, den Menschen dabei behilflich zu sein, mit ihrem Schmerz zurechtzukommen und ihn in einer Zeit zu überwinden, die ihnen angemessen ist und ihren Bedürfnissen entspricht. Dazu gehört die Erkenntnis, daß die Heilungsprozesse verschiedener Menschen unterschiedlich lange dauern, ebenso wie verschiedene Menschen unterschiedlich lang für ihr persönliches Wachstum brauchen.

«Ich bin so wütend, Dr. Gullo! Warum lassen die mich alle nicht in Ruhe? Ständig mischen sie sich ein. Wenn mich noch einer von diesen Männern anruft und sagt, er kennt eine gute Freundin von mir, die ihm vorgeschlagen hat, mich anzurufen – ich glaube, ich werde einfach auflegen.»

«Geht es Ihnen denn nicht besser bei dem Gedanken, daß Ihre Freunde sich um Sie kümmern und Sie glücklich machen wollen?»

«Wenn sie sich wirklich kümmern würden, hätten sie mein Bedürfnis nach einem Eigenleben respektiert und mich in Ruhe gelassen, bis ich wieder bereit bin oder bis ich mich an sie wende. Mein Gott, es ist doch erst sechs Monate her, seit Bill mich verlassen hat. Ich brauche diese Zeit, um ins reine zu kommen.»

«Ist es denn so schlimm, eine Verabredung zum Essen einzugehen oder einen Kinobesuch zu unternehmen?» Ganz bewußt spielte ich des Teufels Advokat, um herauszubekommen, ob sie ihre wahren Gefühle tatsächlich kannte.

«Jetzt fangen Sie nicht auch noch an! Warum versteht niemand, daß ich diese Zeit brauche, um allein zu sein und mich selbst zu finden? Nach fünfzehn Ehejahren will ich nicht riskieren, mich auf irgend etwas einzulassen, ohne ganz sicher zu sein, daß ich auch bereit dazu bin. Ich kann den Gedanken nicht ertragen, so etwas noch einmal durchmachen zu müssen. Und ich will nicht eine dieser verzweifelten Frauen in mittleren Jahren werden, deren Leben sich nur noch um die Frage dreht, mit wem sie sich als nächstes verabreden sollen.»

Carolines Wut war gesund; sie war eine Reaktion darauf, daß ihre Laufzeit gestört wurde. Obwohl ihre Freunde es nicht verstehen konnten, war sie einfach noch nicht bereit, Verabredungen einzugehen.

Schon seit langem kennen Psychologen den Zustand der *psychischen Bereitschaft*. Nehmen wir an, Sie versuchen einen Freund dazu zu bringen, das Rauchen aufzugeben, oder Sie empfehlen einem Freund mit Alkoholproblemen, sich an die Anonymen Alkoholiker zu wenden, oder Sie raten einem fettleibigen Freund oder Verwandten zu einer Diät, einem Trainingsprogramm oder irgendeiner Art von

Nahrungskontrolle. Wenn jedoch Menschen noch nicht dazu bereit sind, von sich aus den ersten Schritt zu tun, wird Ihre Ermutigung und Unterstützung nichts nützen. Es wird eher eine Art Entfremdung zwischen Ihnen eintreten, denn die Betroffenen reagieren ärgerlich darauf, daß Sie sie auf Probleme hinweisen, denen sie sich noch nicht stellen wollen.

Psychische Bereitschaft gibt es auch bei einer Trennungskrise. Wenn Freunde und Verwandte Sie drängen, eine Phase zu verlassen und zur nächsten überzugehen, noch bevor Sie selbst dazu bereit sind, nehmen Sie ihnen die guten Absichten vielleicht sogar übel. Sie sollten jedoch hin und wieder überprüfen, in welcher der sechs im ersten Kapitel beschriebenen Phasen der Trennungskrise Sie sich befinden, um sicherzugehen, daß Sie nicht in einer Phase mit den entsprechenden Verhaltensmustern verharren. Wenn Sie der Meinung sind, daß Sie absolut nicht mehr aus eigener Kraft hindurchkommen, müssen Sie fachliche Hilfe in Anspruch nehmen.

Wäre Caroline nun noch in der Phase des Kummers gewesen, vollgestopft mit Valium, wie zu Beginn unserer gemeinsamen Arbeit, oder hätte sie sich immer noch dafür verantwortlich gefühlt, daß Bill ihr untreu war, weil sie sich nicht gut genug für ihn fühlte, dann wäre ich in Sorge gewesen. So aber freute ich mich über ihren Fortschritt: Sie stand kurz davor, den unsicheren Schritt von der Schuldzuweisungsphase hin zur Phase des Verzichts zu tun. Bald würde sie in der Lage sein, ein für allemal Abschied zu nehmen und sich aus einer Beziehung zu lösen, auf die sie fünfzehn Jahre ihres Lebens fixiert war.

Caroline bewältigte ihre Laufzeit durch die Trennungskrise in einer – wie ich es nenne – angemessenen Geschwindigkeit. Sie verharrte weder in passiven noch in aktiven Verhaltensmustern. Sie verbrachte die Abende nicht völlig abgekapselt in ihrem Bett mit der Decke über dem Kopf. Ebensowenig verharrte sie, von der Welt abgeschnitten, in der Phase des Kummers. Sie ging aber auch nicht jeden Abend aus oder neigte zu Übertreibungen, was Essen, Trinken oder Männer anbelangt. Sie hatte bei einer Vorstadtzeitung einen Teilzeit-Job angenommen, um ihre journalistischen Fähigkeiten weiter auszubauen, die in der Schule ihre Stärke gewesen waren. Außerdem setzte sie an zwei Abenden in der Woche ihre ehrenamtliche Tätigkeit am örtlichen Krankenhaus fort, die sie vor fünf Jahren begonnen hatte.

Charakteristisch für eine angemessene Laufzeit ist, daß der Schmerz als unvermeidlicher Teil des Verlustprozesses erkannt und akzeptiert wird, so wie Caroline es tat. Sie gab sich alle Mühe, mit ihren Gefühlen zurechtzukommen, und scheute nicht davor zurück, sich auszuweinen, wenn sie sich damit entlasten konnte. Sie wollte unbedingt, daß der Schmerz nachließ, konnte es aber gleichzeitig akzeptieren, daß dies nicht über Nacht geschehen würde. Immerhin hatte ihre Beziehung fünfzehn Jahre gedauert, also würde es Zeit kosten, die Bindung zu lösen. Geduldig wartete sie ihren psychischen Heilungsprozeß ab, versuchte aber auch, selbst aktiv den Schmerz zu verringern, mit Hilfe einer Therapie und indem sie neuen Interessen nachging.

Sie war sich ihres Schmerzes sehr wohl bewußt und ging damit so positiv wie möglich um. Caroline wußte, daß die Urlaubszeit und bestimmte Ereignisse schmerzhaft sein würden. Also suchte sie nach Möglichkeiten, wie sie sich während dieser Zeiten ablenken konnte. Weihnachten gehörte zu ihnen. Sie beschloß, mit ihren ehemaligen Klassenkameraden in den Nahen Osten zu fahren und, wie sie mir später berichtete, «mich in den Wundern Ägyptens zu verlieren».

Caroline suchte konstruktive Unterstützung, nicht Sympathie, bei ihren Freunden. Deshalb war sie so beleidigt,

wenn jemand versuchte, sie mit anderen Männern wieder-
aufzurichten. Sie hatte dann das Gefühl, die Kontrolle über
ihr Leben zu verlieren, ein hilfloses Opfer zu sein; sie wollte
doch über diese schmerzliche Periode hinwegkommen und
das in den Griff bekommen, was von ihrem Leben übriggeblieben war. Sie hatte das Bedürfnis, zuerst zu sich selbst zu
finden, bevor sie sich auf eine neue Beziehung einlassen
konnte; ein Teil dieses Prozesses bestand für sie in ihrem
ungestörten Eigenleben. Nach etwas mehr als einem Jahr
traf sie ihre erste Verabredung; als sie es tat, war sie glücklich über die Wendung, die ihr neues Leben genommen
hatte.

Schnelle und langsame Laufzeiten

Caroline hat ihre Laufzeit in einer angemessenen Geschwindigkeit hinter sich gebracht und ist durch jede Phase recht
glatt durchgekommen. Ich möchte dabei aber nicht den
tiefen seelischen Schmerz herunterspielen, den sie durchgemacht hat. Sie konnte ihn jedoch viel wirkungsvoller bewältigen, als sie dies in einem langsameren oder schnelleren
Tempo hätte schaffen können. Wichtig für Caroline und für
alle, die in einer Trennungskrise stecken, ist, daß sie ihre
emotionalen persönlichen Probleme, die während einer bestimmten Phase auftauchen, lösen, noch bevor sie zur nächsten übergehen.

Ich muß Sie jedoch warnen, denn dies ist nicht immer ein
leichter Prozeß. Einige Probleme, die in der einen Phase
auftauchen, können Ihnen in einer anderen erneut begegnen. Ich hatte einmal eine Patientin, die sich dabei er-
wischte, wie sie sogar an dem Tag, an dem sie ihren zweiten
Mann heiratete, an den ersten dachte. Sie liebte ihren zukünftigen Ehemann sehr, doch die Vorbereitungen zu dieser

Hochzeit trugen den traurigen Beigeschmack der ersten Ehe, die zu Ende gegangen war. Auf diesen Pendeleffekt werde ich weiter unten in diesem Kapitel noch detaillierter eingehen.

Es gibt keine ideale Laufzeit für die Bewältigung einer Trennungskrise. Aber jede Trennungskrise hat ein ideales Resultat: Man nutzt die gemachte Erfahrung, um emotional zu wachsen und die Fähigkeit zu stärken, in Zukunft mit einem Verlust umgehen zu können, da man auf dem Weg durch die Trennungskrise persönliche Verwundbarkeiten und große Hindernisse überwunden hat. Die Laufzeit durch eine Trennungskrise ist individuell von ganz unterschiedlicher Länge; sie hängt davon ab, wie viele Probleme auftauchen und wie groß die Bedeutung der beendeten Beziehung war.

Einer der günstigen Aspekte in einer Trennungskrise ist der, daß sowohl die Psyche als auch das Gedächtnis helfen, Schritt für Schritt die Phasen zu durchlaufen. Die Zeit und das eigene Bemühen tragen dazu bei, daß das Gedächtnis den akuten seelischen Schmerz verdrängt. Denn wenn man mit der Intensität und der lebhaften Erinnerung an jede Verletzung und jeden Verlust, den man erfahren hat, leben müßte, wäre man nicht in der Lage, sein Leben fortzusetzen. Die Psyche besitzt eine natürliche Neigung, sich auf der Suche nach Freude und Gleichgewicht vom Schmerz fortzubewegen. Wenn sie dann noch durch konstruktive Tätigkeiten in die richtigen Bahnen gelenkt wird, unterstützt sie den Heilungsprozeß. In vieler Hinsicht ist die Seele mit dem Körper vergleichbar. Auch die Seele durchläuft einen natürlichen Heilungsprozeß, der Sie durch seelischen Schmerz führt, wenn Sie sich ihm nicht widersetzen. Betrachten Sie Ihre Gefühlswelt als ein psychisches Abwehrsystem, das positive Gefühle fördert, während es versucht, alles Negative und Schmerzliche auszuschließen. Daraus sollten Sie

Trost schöpfen und auf dem Weg durch die Phasen der Trennungskrise bestrebt sein, mit dem Schmerz zu fließen und den Gefühlen die Möglichkeit zu geben, sich natürlich zu entwickeln, während Sie sich immer wieder daran erinnern, daß die Trennungskrise irgendwann einmal ein Ende haben wird.

Die meisten von uns haben zum Verlust dieselbe Einstellung wie zum Leben. Menschen, die vor Streßsituationen im Leben wegrennen, werden eher dazu neigen, auch vor dem Schmerz ihres Liebesverlusts wegzulaufen und die Erfahrung so schnell wie möglich hinter sich zu bringen, wobei sie vielleicht sogar Phasen überspringen. Mit einer schnellen Laufzeit sind sie so sehr darauf bedacht, den Schmerz zu überwinden, daß sie nur wenig über das Warum der Trennung erfahren. Das kann dazu führen, daß sie in künftigen Beziehungen denselben Fehler machen. Dieses hastige Vorwärtsstreben nimmt sie oft so sehr in Anspruch, daß sie spontan in Verhaltensweisen und Situationen geraten, die wenig produktiv sind. Auch neigen sie zu Rückfällen, da sie sich in eine neue Beziehung stürzen, ohne dafür bereit zu sein. In dem Bestreben, der nächsten Schmerzwelle aus dem Weg zu gehen, springen sie ständig auf allen Gebieten ihres Lebens von einer Sache zur nächsten und bringen letztlich nur sehr wenig zu einem Ende.

Palmer war ein gewiefter Geschäftsmann, der mit seinen zahlreichen Investitionen ausgezeichnet jonglieren konnte und gern seine Finanzstärke ausspielte. Er war Mitte Fünfzig, hatte eine optimistische Lebenseinstellung und zog es vor, Diskussionen über unerfreuliche Dinge aus dem Weg zu gehen. Infolgedessen setzte er, als in seiner Ehe mit der zwanzig Jahre jüngeren Robin Probleme auftauchten, ein Lächeln auf und sah darüber hinweg. Eines Tages kam er nach Hause und fand nur noch leere Schubladen und Schränke vor: Robin hatte ihn wegen eines anderen Mannes verlassen, der, wie sie ihm auf einem Zettel mitgeteilt hatte, «freundlich und rücksichtsvoll ist und immer Zeit zum Zuhören hat».

Daß Robin ihn verlassen hatte, traf Palmer schwer. Wie konnte gerade ihm so etwas passieren? Er zog sich nun nicht zurück, um sich die Zeit zu nehmen, über das Was und Warum der zerbrochenen Beziehung nachzudenken, sondern stürzte sich in immer mehr geschäftliche Unternehmungen. Später sagte er mir einmal: «Ich beschloß, daß es an der Zeit war, Veränderungen vorzunehmen.» Sein Zwölf-Stunden-Tag wurde zu einem Sechzehn-Stunden-Tag. Mit hektischer Energie versuchte er überall mitzumischen. Er ging nur noch zum Schlafen nach Hause. In gewisser Weise wurde seine Arbeit zwar zu einer starken Ablenkung, da er sie jedoch übertrieb, ruinierte er seine Gesundheit. Er hatte Angst davor, sich auszuruhen, da er befürchtete, dann der Tatsache seines Alleinseins ins Auge sehen zu müssen. Sechs Monate später und beinahe völlig am Ende, landete Palmer im Krankenhaus und dachte, er habe einen Herzinfarkt. Es stellte sich heraus, daß die bohrenden Symptome in seiner Brust Symptome seiner Angst und seiner seelischen Qualen waren; seine Trennungskrise hatte sich einen Weg an die Oberfläche suchen müssen. Erst als er physisch am Ende war, sah er endlich ein, daß er seinem seelischen Schmerz entgegentreten und seine Trennungskrise durchlaufen mußte. Ihre Überwindung würde ihn viel Geduld und eine ernsthafte Überprüfung seiner selbst kosten. Er würde langsam treten und einen langen, kritischen Blick auf sein Leben werfen müssen.

Für diejenigen, die die Trennungskrise schnell durchlaufen, ist es sehr wichtig zu wissen, daß der Schmerz in einer Trennungskrise ein wichtiger Bestandteil des Heilungsprozesses ist. Seien Sie nicht zu ungeduldig mit Ihrer Psyche, und versuchen Sie nicht, den Schmerz zu ignorieren. Sie können ihn ausschalten, wenn Sie wie Palmer darum herumrennen, aber vermeiden können Sie ihn dadurch nicht. Früher oder später müssen Sie Ihrem Liebesverlust gegenübertreten und ihn erfahren, so daß Sie loslassen können. Leugnen Sie den Schmerz des Liebesverlusts nicht. Das verzögert nur die unausweichliche Erkenntnis und, was noch schlimmer ist, gibt Ihnen ein falsches Gefühl der Hoffnung; denn Sie denken, Sie haben die Phase der Reorganisation oder sogar der Loslösung erreicht, obwohl Sie die Phase des Verzichts, des emotionalen Loslassens der Beziehung, effektiv noch nicht durchgemacht haben.

Während jene mit einer schnellen Laufzeit durch die Trennungskrise vor dem Schmerz fliehen, so tendieren Menschen mit einer langsamen Laufzeit dazu, sich bis zur Besessenheit auf ihren Schmerz auszurichten. Sie verbringen viel Zeit damit, die verschiedenen Aspekte der Beziehung immer wieder und von allen Seiten zu beleuchten und den Schmerz der Trennung immer wieder zu erleben. Es ist wohl gesund, wenn sie sich ihren Gefühlen stellen und sie ausleben; treiben sie dies aber bis zum Exzeß, so bleiben sie oft in der zweiten Phase, der Phase des Kummers, oder in der dritten Phase, der Schuldzuweisung, stecken. Ihre Verhaltensmuster sind passiv, so daß sie aus Angst davor, was als nächstes passieren wird, erstarren. In gewisser Weise sind sie im eigenen zähflüssigen Zeitablauf gefangen, da sie jede Phase quälend langsam durchleben. Die Phase des Verzichts zu erreichen und sie tatsächlich zu überwinden, indem man Abschied nimmt von allem, was war, kann niederschmetternd sein. Es ist, als ob man sich von dem Schmerz nicht trennen wollte, weil man sich damit auch von einer Vergangenheit trennen würde, die so viel bedeutet hat.

Lindas Trennungskrise überschattete ihr Leben derart, daß sie nicht in der Lage war, ihren Arbeitsplatz zu halten.

Sie war eine attraktive Sekretärin, zweiundzwanzig Jahre alt, als sie sich in ihren Chef verliebte. Sie fühlte sich im siebten Himmel, als er ihre Flirtversuche beantwortete. An mehreren Abenden in der Woche trafen sie sich, um sich wild und leidenschaftlich zu lieben, wobei er ebenso wilde Versprechungen machte, die er aber nie zu halten beabsichtigte. Victor nahm sie mit auf Reisen und versicherte ihr immer wieder, daß er seine Frau zum nächsten günstigen Zeitpunkt verlassen werde. Wenn sie Zweifel äußerte, machte er ihr zur Beruhigung ein kleines Liebespräsent. Drei Jahre nach Beginn dieser Affäre mußte sich Victor plötzlich von Linda trennen, da seine Frau Verdacht geschöpft hatte.

Linda war es unmöglich, Abschied zu nehmen. Neben all den Geschenken hatte sie von jedem Hotel, in dem sie abgestiegen waren, eine Ansichtskarte aufgehoben, sowie Streichhölzer von jedem Restaurant, in dem sie gegessen hatten. Sogar die Eintrittskarten von jedem Kinobesuch mit Victor hatte sie gesammelt. Er war ihr Lebensinhalt geworden.

Nachdem er ihr Verhältnis beendet hatte, suchte er ihr eine neue Stelle in einer anderen Firma, da er es für unangebracht hielt, wenn sie weiterhin als seine Sekretärin arbeiten würde. Der neue Arbeitsplatz stellte hohe Anforderungen, und eigentlich hätte sie sich über die enorme Gehaltserhöhung freuen sollen – doch sie konnte nur an Victor denken: an die gemeinsamen Bäder bei Kerzenlicht, die intime Atmosphäre beim Abendessen, die gemütlichen Kinobesuche. Mit Victor war sogar eine Autofahrt aufregend gewesen. Sie durchlebte diese Zeit in ihrer Erinnerung immer wieder. Nach sechs Monaten sagte sie immer noch alle Verabredungen ab und verbrachte ihre Abende inmitten ihrer Erinnerungsstücke. Schließlich verlor sie ihre Arbeitsstelle und ließ sich von einer Beschäftigung zur nächsten treiben; ihre einzige Motivation war die fällige Miete.

Sie kam in ihrer Trennungskrise nicht vorwärts, sondern behielt die Rolle des Opfers bei. Sie verharrte in der Kummerphase. Nachdem sie beim Arbeitsamt gelandet war und fünf Stunden in einer Schlange auf ihre Arbeitslosenhilfe warten mußte, suchte sie endlich einen Berater auf.

Man muß sich davor hüten, eine Opferhaltung anzunehmen wie Linda. Menschen, die sich als Opfer betrachten, reagieren oft passiv auf die Trennungskrise. In der Erinnerung an Vergangenes und im Schmerz der Gegenwart gefangen, haben sie das Gefühl, nicht mehr ihr eigenes Leben zu leben. In gewisser Weise stimmt das auch, denn ihr Verhalten hindert ihre Psyche daran, ihrem natürlichen Bedürfnis nachzugehen und die verschiedenen Phasen durchzulaufen. Sie können sich nicht vorstellen, wie das Leben weitergehen soll, so daß sie auf der Stelle treten. Ihre Weigerung, die Phasen zu durchlaufen, wird zu einer Sperre auf dem Weg zu ihrem emotionalen Wohl.

Einschätzung der eigenen Laufzeit

Nach den obengenannten allgemeinen Kriterien können Sie leicht erkennen, ob Sie Ihre Trennungskrise schnell, langsam oder angemessen durchlaufen, wie z. B. Caroline. Vielleicht finden Sie sich aber auch in jeder Kategorie wieder. Ihre Laufzeit durch die Trennungskrise wird danach bestimmt, welches der drei gegebenen Muster überwiegt.

Die nachfolgende Aufstellung, aus der allgemeingültige Eigenschaften für eine schnelle, angemessene und langsame Laufzeit durch die Trennungskrise ersichtlich sind, bietet eine weitere Möglichkeit, die persönliche Laufzeit zu bestimmen. Sie weist auch auf spezifische Verhaltensweisen hin, die vielleicht exzessiv betrieben werden und die Laufzeit zurückdrehen.

Streichen Sie in jeder Reihe nur eine Eigenschaft an, die Ihr Verhalten am besten charakterisiert. Haben Sie alles vollständig ausgefüllt, zählen Sie in jeder Spalte die angekreuzten Eigenschaften zusammen. Die Spalte, in der die meisten Eigenschaften angekreuzt wurden, zeigt Ihnen Ihre persönliche Laufzeit durch die Trennungskrise an.

schnell	angemessen	langsam
1) ist unruhig während eines Konfliktes	geht mit einem Konflikt realistisch um	ist deprimiert während eines Konflikts
2) leugnet seelischen Schmerz, weicht aus	stellt sich seelischem Schmerz, setzt sich damit auseinander	läßt sich durch seelischen Schmerz überwältigen, zieht sich zurück
3) versucht, verschiedene Dinge gleichzeitig zu erledigen	erledigt eine Aufgabe nach der anderen, geht methodisch vor	hat keine Motivation oder findet Selbstmotivierung schwierig
4) fällt voreilige Entscheidungen	wägt Entscheidungen vorsichtig ab	kann nur schlecht Entscheidungen fällen
5) will weder diskutieren noch Gefühle zum Ausdruck bringen	geht offen mit Gefühlen um, läßt ihnen freien Lauf	hält zwanghaft an Gefühlen fest
6) gibt anderen oder bestimmten Situationen die Schuld	ist bereit, Verantwortung für eigene Fehler zu übernehmen, falls erforderlich	kann nicht sagen, was falsch gelaufen ist, wem die Schuld zufällt
7) muß andere Menschen, Situationen oder Gefühle kontrollieren	richtete sich auf den eigenen Reifeprozeß aus	braucht Unterstützung von anderen, sieht sich selbst als Opfer
8) ist extrovertiert	ist flexibel, stellt sich auf die jeweilige Situation ein, anpassungsfähig	ist introvertiert, hat kein Vertrauen
9) hat schon mehrere Trennungskrisen hinter sich	hat mindestens eine Trennungskrise hinter sich	hat noch wenig Erfahrung mit Trennungskrisen
10) extrem leistungsorientiert, ist nie zufrieden mit dem Jetzt	strebt realistische Ziele an	strebt nicht nach vorn, ist leicht von Zielen abzubringen

Um es noch einmal zu wiederholen: Die Geschwindigkeit, mit der eine Trennungskrise durchlaufen wird, ist nicht das Hauptproblem. Aber bestimmte Eigenschaften der schnellen und der langsamen Laufzeit können den Heilungsprozeß nachteilig beeinflussen. Wenn Sie bei den Punkten 1 bis 6 die schnelle oder die langsame Variante angekreuzt haben, sollte Ihnen bewußt sein, daß eine Änderung der betreffenden Verhaltensweisen Ihnen helfen könnte, die Trennungskrise vollständiger und weniger schmerzhaft zu erfahren.

Sie müssen wissen, daß Sie mit einer schnellen Laufzeit vor lauter Ungeduld dem Schmerz lieber ausweichen und die Trennungskrise eher nicht wahrhaben wollen. Damit schaffen Sie sich selbst das größte Hindernis für die Heilung.

Mit einer langsamen Laufzeit schaffen Sie sich das größte Hindernis für die Heilung durch das zu lange Verweilen in allen Phasen. Nehmen Sie als Beispiel dafür Linda, die nicht in der Lage war, ihre Phase des Kummers zu überwinden; sie wurde arbeitslos und bekam ihr Leben nicht in den Griff.

Ob nun eine Laufzeit schnell oder langsam ist – ein Mensch in der Trennungskrise sollte bestrebt sein, den seelischen Schmerz realistisch einzuschätzen, und der Psyche die Möglichkeit schaffen, ihn durch jede Phase mit der ihm angemessenen Geschwindigkeit zu führen. Wichtig ist, wie gut man mit den kritischen Problemen, die jede Phase mit sich bringt, zurechtkommt, wobei es keine Rolle spielt, ob dies schnell oder langsam geschieht. Letztendlich finde ich erst heraus, was für meine Patienten das Beste ist, wenn ich beobachte, wodurch ihre Fähigkeit, mit dem Leben zurechtzukommen, gefördert oder verringert wird.

Was nun Ihre persönliche Trennungskrise betrifft: Wenn Sie die folgenden Fragen mit Ja beantworten können – ohne Rücksicht auf Ihren Schmerz –, durchlaufen Sie Ihre Trennungskrise mit der Ihnen angemessenen Geschwindigkeit:

Test für die eigene Laufzeit

- Akzeptieren Sie Ihre Trennungskrise und arbeiten Sie daran, während Sie Ihren täglichen Verpflichtungen in gewohnter Weise nachkommen? (Gehen Sie rechtzeitig zur Arbeit, bezahlen Sie Ihre Rechnungen, achten Sie weiterhin auf Ihr Aussehen und auf Ihre Gesundheit, treffen Sie Verabredungen?)
- Lernen Sie aus Ihrem Trennungsschock Dinge über sich selbst und Ihre persönlichen Bedürfnisse? (Vielleicht stellen Sie fest, daß Sie Freundschaften brauchen und an neuen Familienbeziehungen arbeiten müssen. Vielleicht werden Ihnen durch die Trennungskrise persönliche Bedürfnisse bewußt, die in Ihrer vorherigen Beziehung nicht erfüllt wurden. Im Idealfall wird diesen Bedürfnissen dann in einer neuen Beziehung entsprochen.)
- Erfährt Ihr Leben durch Ihre Trennungskrise eine Bereicherung – nicht nur Schmerz? (Vielleicht ist es etwas so Grundlegendes wie ein neues Verständnis Ihrer selbst und Ihrer eigenen Stärke oder Sensibilität. Oder vielleicht haben Sie auf der Suche nach Möglichkeiten, die Leere in Ihrem Inneren zu füllen, eine neue Fähigkeit oder ein Hobby entdeckt, sind beruflich weitergekommen oder haben ein Trainingsprogramm begonnen.)

Der Pendeleffekt

Ob man eine Trennungskrise schnell, angemessen oder langsam durchläuft – es gibt auf jeden Fall eine Gefahr, die ich mit *Pendeleffekt* bezeichne. Beim Pendeln verbringt man beträchtliche Zeit damit, zwischen einzelnen Phasen hin und her zu schwanken.

Zu erwarten ist dieser Effekt in den frühen Phasen vor der

Vollendung der Verzichtphase. Am häufigsten tritt dieses Pendeln zwischen der Phase des Kummers und der Phase der Schuldzuweisung auf. Erinnern Sie sich an Matthew, der seine alkoholsüchtige Frau Vicki unfreiwillig verließ? Auf seinem Weg durch die Trennungskrise ließ er die Phase des Kummers hinter sich und erreichte schließlich die Schuldzuweisungsphase, als er seinem Ärger darüber freien Lauf ließ, daß sie durch ihren Alkoholismus ihre Beziehung zerstört hatte. Doch die Phase des Verzichts erreichte er nicht, sondern pendelte statt dessen nach zwei Wochen in die Phase des Kummers zurück. Dann saß er wieder bei mir und weinte, weil er seine Frau so sehr vermißte. Dieses Pendeln zwischen Kummer und Schuldzuweisung wird so lange andauern, bis man dazu bereit ist, die Realität, daß die Beziehung beendet ist, anzuerkennen.

Es ist jedoch nicht ungewöhnlich – obwohl es eine sehr schmerzliche Erfahrung ist –, nach Vollendung der Verzichtphase und dem Erreichen der Reorganisationsphase plötzlich den unwiderstehlichen Wunsch zu hegen, mit dem Partner wieder Kontakt aufzunehmen. Obwohl der Verstand es eigentlich besser wissen müßte, zieht das Herz einen wieder in die Vergangenheit. Vielleicht pendelt man tatsächlich wieder zurück in die Phase des Kummers. Wenn die Verzichtphase jedoch bereits vorbei ist, wird dieser Pendeleffekt nur kurz und der seelische Schmerz weniger intensiv sein, als dies während der Phase des Kummers der Fall gewesen wäre. Dasselbe gilt für das Pendeln in die Schuldzuweisungsphase; die Wut wird nicht so intensiv sein und nicht lange anhalten. Ein Beispiel dafür ist die Patientin, die sogar am Hochzeitsmorgen mit ihrem zweiten Mann an ihren ersten Gatten dachte. Sie befand sich in der letzten Phase der Loslösung und wollte ein neues Leben an der Seite eines anderen Mannes beginnen – plötzlich tauchten Erinnerungen an ihre erste Ehe auf.

Als Valerie mich nach ihren Flitterwochen mit Grant anrief, erzählte sie: «Ich weiß, daß ich meine Trennungskrise überwunden habe – zumindest glaubte ich es –, da passierte mir an meinem Hochzeitstag etwas Seltsames. Ich hatte gerade mein Hochzeitskleid aus pfirsichfarbener Seide angezogen und betrachtete mich im Spiegel, um noch letzte Korrekturen vorzunehmen. Plötzlich mußte ich an Hugh denken. Für einen kurzen Augenblick, während ich in den Spiegel sah, drehte sich die Zeit um fünfzehn Jahre zurück, und ich sah mich ganz in Weiß. Mein Vater strahlte mich an, nahm meine Hand und führte mich vor den Altar...»

Dann war es still am anderen Ende der Leitung, und ich wartete einen Moment. «Valerie?»

«Ja?»

An ihrer Stimme hörte ich, daß sie wieder dieser Erinnerung nachhing. «Geht es Ihnen gut?»

«Verzeihen Sie, Dr. Gullo, ja, natürlich geht es mir gut. Ich habe nur gerade festgestellt, daß diese Traurigkeit, die ich damals verspürte, jetzt, da ich Ihnen darüber berichte, nicht mehr da ist. Ich glaube, ich habe für einen Moment gependelt. So was Albernes!» Dann fuhr sie fort, mir über ihre Flitterwochen in Acapulco zu erzählen.

Hätte sie nicht angefangen, über Acapulco zu berichten, so hätte ich ihr gesagt, daß dieser kurze Pendeleffekt überhaupt nicht albern, sondern völlig normal gewesen ist. Die Gefühle während einer Trennungskrise mögen zwar einen vorhersehbaren Verlauf nehmen, trotzdem gehen sie manchmal ihre eigenen Wege. Es kommt oft vor, daß ein Stückchen Vergangenheit einen dann einholt, wenn man es am wenigsten erwartet.

Mit der Zeit werden die Pendeleffekte im weiteren Verlauf der Trennungskrise nachlassen. Jedesmal, wenn wieder ein solcher Pendeleffekt eintritt, sollte es für Sie weniger schmerzhaft sein. Ein Patient, für den eine neunjährige

Beziehung zu Ende gegangen war, sagte mir einmal, nachdem er acht Monate seiner Trennungskrise hinter sich hatte: «Wenn ich jetzt pendle, ist es nur noch wie ein kurzer Nadelstich.»

Die Rückblenden

Ein Pendeleffekt wird oft dadurch ausgelöst, was einer meiner Patienten einmal als «Rückblenden in der Trennungskrise» bezeichnet hat: Ein Ort, eine Person, ein Ereignis oder ein Gegenstand lassen einen bestimmten Augenblick in der Beziehung wieder aufleben oder erinnern an den früheren Partner. Ein Lied, der Anblick eines Restaurants, in dem man oft zusammen gegessen hat, oder sogar ein Kleidungsstück können Auslöser für eine solche Rückblende in der Trennungskrise sein.

Nancy, die sich bereits in der Reorganisationsphase befand, erlebte jedesmal, wenn sie ihren Schrank öffnete und die hübsche Wäsche sah, die Gene ihr zu Anfang ihrer Beziehung gekauft hatte, eine Rückblende in ihrer Trennungskrise. Obwohl sie wußte, daß Gene verheiratet war, wurde er doch im Verlauf ihres Verhältnisses zu ihrer großen Liebe. Nach zwei Jahren beendete sie diese Beziehung. Sie liebte ihn immer noch sehr, war es aber leid, immer nur die andere Frau zu sein. Die hübsche Wäsche wühlte die Erinnerung so lebhaft auf, daß sie sie wegwerfen mußte. «Ich konnte sie nicht einmal einer anderen überlassen, denn dann hätte sie noch irgendwo existiert und mit ihr die Erinnerung an ihn und all die besonderen Augenblicke, die wir miteinander verbrachten.»

Es ist relativ einfach, sich von Dingen zu trennen oder Orte zu meiden, die eine Rückblende hervorrufen. Urlaubszeiten stellen in dieser Reihe ein weiteres Problem dar. Für

Lloyd, der sich ebenfalls in der Reorganisationsphase befand, war es äußerst schwierig, mit dem Muttertag zurechtzukommen. Völlig verzweifelt rief er mich eines Tages an; er hatte sich daran erinnert, wie er mit Liz in den letzten fünf Jahren immer am Muttertag ihr Sommerhaus eröffnet hatte. Plötzlich sehnte er sich auf allen Ebenen nach ihrer Gegenwart: nach ihrem Parfüm, nach einem gemeinsamen Picknick am Strand und nach ihrer Anwesenheit im Bett. In diesem Augenblick machte ihm sogar der Gedanke an ihre Gewichtsprobleme nichts aus. Er konnte dieses Absacken in alte Emotionen nicht begreifen, vor allem seit er wieder Verabredungen traf und glaubte, mit Liz endgültig fertig zu sein. Ich versicherte ihm, daß seine Gefühle durchaus normal seien und daß im ersten Jahr nach einer Trennung – ungeachtet der Phase, in der man sich befindet – gerade Urlaubszeiten und besondere Anlässe eine seelische Belastung darstellen. Da diese Gelegenheiten die Psyche besonders treffen, benötigt man viel Zeit, emotional Abstand davon zu gewinnen.

Zyklen

Pendeleffekt und Rückblenden in der Trennungskrise geschehen im Rahmen der sogenannten *Zyklen der Trennungskrise*. Ich habe beobachtet, daß die meisten meiner Patienten, auch diejenigen, die nur geringfügig unter seelischem Schmerz zu leiden haben, nach der Trennung ein volles Jahr benötigen, bis sie frei von Pendeleffekten und Rückblenden sind. Ich habe auch erfahren, daß man sich am Ende dieses Jahres noch einmal auf all das konzentriert, was man verloren hat. Obwohl man doch schon so weit gekommen ist, vielleicht sogar schon die letzte Phase der Ablösung erreicht hat, kann es ein durchdringender Schmerz sein.

James und Candace hatten sich im letzten Herbst getrennt. Seit Juli war Candace nicht wieder bei mir gewesen. Plötzlich, im Oktober, wollte sie einen Termin vereinbaren. Als sie dann in meinem Büro am Fenster stand und beobachtete, wie die Blätter von den Ahornbäumen fielen, rannen Tränen über ihre Wangen.

«Mir ging es so gut – und jetzt das. Es ist, als steckte ich wieder mitten drin in allem. Ich verstehe das nicht. Ich war doch am Ende meiner Trennungskrise angelangt, und jetzt ist es, als ob alles wieder von vorn anfangen würde. Ich fange an zu glauben, daß eine Trennungskrise so etwas wie ein bösartiger Krebs ist, der sich eine Zeitlang zurückzieht, aber nie wirklich verschwindet. Wann, Dr. Gullo, wann werde ich das überstanden haben? Wann wird der Schmerz endlich ein Ende haben?»

«Was genau geht Ihnen jetzt durch den Kopf? Worauf richten Sie Ihr Augenmerk?»

«Ich denke immer noch an den Tag, an dem er kam, um seine Sachen zu holen. Wie ich das Haus verlassen mußte, weil ich nicht mit ansehen konnte, wie er sein Leben in Kartons verpackte. Als ich wieder zurückkehrte, fühlte ich mich so leer. Seine Schubladen, die Schränke – es war nichts mehr übriggeblieben. Ich kann mich noch lebhaft daran erinnern, wie ich durchs Haus ging, von einem Zimmer ins nächste, und plötzlich erkannte, daß wir nie wieder zusammen darin leben würden.»

«Erinnern Sie sich daran, was Sie unternahmen, nachdem Sie dies erkannten?»

«Ja. Ich stand an unserem großen Wohnzimmerfenster und weinte, als ich sah, wie der Wind die Blätter von den Bäumen fegte, die dann in den Vorgarten fielen. Ich hatte schreckliche Angst und war überzeugt, daß mein Leben vorbei war. Ich spürte, daß ich innerlich verwelkte und abstarb ... wie die Blätter.»

«Haben Sie jetzt im Moment auch Angst? Denken Sie, daß Ihr Leben vorbei ist?»

Langsam drehte sie sich zu mir um, putzte sich die Nase und trocknete ihre Augen. «Eigentlich nicht. Eigentlich mache ich mehr als je zuvor. Gerade habe ich einen Kurs in Astrologie beendet. Das ist etwas, woran ich immer schon interessiert war. Mit einer Gruppe aus der Klasse werde ich in Vermont an einem Seminar über Ganzheitlichkeit teilnehmen. Ich bin sicher, es werden kaum Männer dabeisein, außer dem Typen aus meiner Klasse, der mich so fasziniert . . .» Sie lachte, ihr Schmerz hatte sich aufgelöst.

Ich erklärte Candace, daß ihre plötzliche Trauer nur durch die Herbststimmung herbeigeführt worden sei und daß sie eigentlich das Ende ihrer Trennungskrise erreicht habe. Außerdem versicherte ich ihr, daß ihr im folgenden Herbst durchaus dieselben Erinnerungen kommen würden, jedoch mit weniger oder gar keinem Schmerz verbunden.

Die Zeit ist Ihr Verbündeter, wenn Sie das Opfer einer Trennungskrise sind. Jeder Tag, der vergeht, schafft mehr emotionale Distanz; der Schmerz läßt allmählich nach, während Sie die verschiedenen Phasen durchlaufen, um das sichere Ende zu erreichen.

5 Vorsicht Falle:
Die fünf häufigsten Fehler
in einer Trennungskrise

Es gibt bestimmte Fallen, in die Sie während einer Trennungskrise geraten können, für gewöhnlich in den Phasen des Kummers, der Schuldzuweisung, des Verzichts oder der Reorganisation. Diese Fallen sind destruktive Verhaltensmuster, in die man infolge eines Liebesverlustes verfällt. Es kommt häufig vor, daß man während einer Trennungskrise in mehr als eine Falle tritt. Sie erleben vielleicht in den unterschiedlichen Phasen verschiedene Fallen oder auch nur zwei oder drei auf einmal.

Nehmen Sie diese Fallen zur Kennntis, und schrecken Sie nicht davor zurück. Die meisten von uns treten mindestens einmal in eine solche Falle während ihrer Trennungskrise. Sie können aber bestimmte Taktiken anwenden, mit deren Hilfe Sie sich daraus herausarbeiten können.

Die fünf Fallen, die ich in diesem Kapitel beschreibe, sind folgende: *Festklammern, Sprunghaftigkeit, der Anziehungskraft der alten Beziehung erliegen, Flucht durch Exzesse, Vergleichsdenken.*

Festklammern

Beim Festklammern will man die Beziehung weder geistig noch emotional, noch physisch loslassen. Mit einer langsamen Laufzeit durch die Trennungskrise klammert man sich an allem fest, von dem man hofft oder glaubt, es sei von der Beziehung noch übrig. Mit der Weigerung loszulassen wird jedoch nur hinausgeschoben, was ohnehin unausweichlich ist – nämlich der Tatsache ins Auge zu sehen, daß die Beziehung zu Ende ist. Das Festklammern geschieht auf drei verschiedene Arten, die alle die Laufzeit durch die Trennungskrise verzögern.

Grübeln

Das Grübeln kann zur Qual werden. Stunden über Stunden verbringen Sie damit, an den früheren Partner zu denken, und sind nicht in der Lage, sich auf das eigene Leben zu konzentrieren. Verfangen in Ihren Grübeleien, kommen Sie vom anderen einfach nicht los. Er dringt in Ihre Träume und kann sogar Ihr Verhalten ändern.

Sie ertappen sich dabei, wie Sie «zufällige» Treffen arrangieren, den früheren Partner ständig anrufen oder leidenschaftliche Reuebriefe schreiben. Tag und Nacht verzehren Sie sich in Gedanken an den anderen: Was macht er jetzt? Mit wem hat er sich verabredet? In welchem Restaurant? Wo verbringt er sein Wochenende?

Samantha fand, daß sie in den ersten beiden Monaten ihrer Trennungskrise all diese Reaktionen hatte. Sie war ein ehemaliges Mannequin, hatte aber inzwischen eine kleine Boutique und war stolz auf das Erreichte. «Die Modewelt hielt mich damals nur für eine dumme Blondine. Sie staunten daher nicht schlecht, als ich meine Freude an der Mode zu einem erfolgreichen Geschäft machte.»

Als ihre Ehe mit Maurice nach zehn Jahren zerbrach, weil er eine längere Affäre mit einem jungen Mannequin hatte, versank Samantha in Grübeleien. Sie lenkte ihre Aufmerksamkeit nicht etwa auf ihr einträgliches Geschäft, sondern hing stundenlang ihrer Vergangenheit mit Maurice nach, wobei sie sich nur an die guten Zeiten erinnerte. Je mehr sie sich in ihre Phantasiewelt zurückzog, desto mehr litt ihr Geschäft darunter. Schlafstörungen stellten sich ein. Während einer unserer ersten Sitzungen erzählte sie mir: «Ach, Dr. Gullo, die Qualen wegen Maurice, meiner verlorenen Liebe, holen mich ein und ziehen sich durch all meine Träume. Ich komme einfach nicht davon weg.»

Menschen, die während ihrer Trennungskrise zum Grübeln neigen, haben oft einen unruhigen Schlaf, werfen sich von einer Seite auf die andere und glauben, überhaupt nicht geschlafen zu haben, wenn sie dann nach acht Stunden aufwachen. Die Angst, die sie bewußt erleben, dringt auch in ihr Unterbewußtsein ein. Viele meiner Patienten klagen wie Samantha über ihr ständiges, quälendes Grübeln.

Hierbei kommt es häufig vor, daß man zwischen der zweiten und dritten Phase des Kummers und der Schuldzuweisung hin und her pendelt. Lieder, Filme, bestimmte Orte und besondere Speisen können Emotionen auslösen: zunächst das Verlangen, einen ganz bestimmten Augenblick mit dem anderen Partner noch einmal zu erleben, dann, bei dem Versuch, einen Schuldigen zu finden, Wut über sich selbst oder den anderen. Noch schlimmer ist die absolute Leere, die man empfindet, und der nagende Zweifel: «Werde ich einen anderen Partner finden?»

Mit der Zeit wird auch das Grübeln, so intensiv es auch sein mag, nachlassen. Bis dahin versuchen Sie es mit der *Gedankenblockade*: Jedesmal, wenn Sie wieder an Ihren früheren Partner denken, sagen Sie sich unerbittlich: «Halt!» und denken an einen anderen Sachverhalt, der ebenso zwingend ist, oder tun etwas, das Ihre Aufmerksamkeit anderweitig in Anspruch nimmt. Auch hier sind Ablenkungen wichtig; suchen Sie sich neue, wirklich fesselnde Interessen. Der Trick dabei ist, die Gedanken an den anderen Partner auszuschließen, indem man sie gegen andere austauscht. Erwarten Sie keine sofortigen Erfolge. Ich kann ihnen jedoch versichern, daß diese Gedankenblockade um so besser funktioniert, je häufiger man sie anwendet.

Samantha fand die Methode der Gedankenblockade zunächst schwierig, da ein Teil ihrer selbst sich weigerte, die Grübelei über Maurice aufzugeben. Sie lenkte sich ab mit dem Vorsatz, einen neuen Modezeichner zu suchen. Ich veranlaßte sie auch, sich kleine Notizzettelchen neben die Telefone zu Hause und in der Boutique zu legen, auf denen in Großbuchstaben stand: «Halt! Nicht anrufen!» Allmählich nahm ihre Obsession ab, und sie gewann ihre Selbstachtung wieder, da sie wußte, daß sie aktiv daran gearbeitet hatte, ihr Leben emotional wieder unter Kontrolle zu bekommen.

Liebe aus Rache

Der Partner, der verlassen wurde, neigt besonders dazu, in diese Falle zu gehen. Er ist durch die Ablehnung, die er erfahren hat, verletzt und läßt sich aus Wut auf eine neue Beziehung ein. Diese Liebe aus Rache kann drei Formen annehmen:

Erstens, man läßt sich auf eine neue Beziehung ein (wobei der neue Partner der Dritte ist) einzig und allein mit der Absicht, den früheren Partner eifersüchtig zu machen. Weil man verzweifelt auf sich aufmerksam machen will, richtet man eine zufällige Begegnung mit dem früheren geliebten Partner ein, so daß er sehen kann, wie leicht es einem doch fällt, sich neu zu orientieren. Der Dritte, der sich emotional bereits engagiert hat, ist oft am meisten dabei verletzt, da ihm erst zu spät bewußt wird, daß er lediglich benutzt wurde.

Zweitens, der verlassene Partner geht eine neue Beziehung ein und fügt dem neuen Partner all das zu, von dem er glaubt, daß es ihm angetan wurde. Wenn der vorherige Partner ihn z. B. gekränkt hat, ertappt er sich dabei, wie er den neuen Partner ebenso kränken will. Oder wenn sein früherer Partner ihn manipuliert hat, neigt er dazu – da er nie wieder von einem anderen Menschen manipuliert werden will –, den neuen Partner selbst zu manipulieren.

Drittens, Verlassene gehen eine neue Beziehung erst dann ein, wenn sie glauben, sich völlig unter Kontrolle halten zu können, so daß niemand jemals wieder in der Lage sein kann, sie zu verletzen. Dann aber reagieren sie gelangweilt, ruhelos und ärgerlich auf den neuen Partner, der ihr Verhalten zuläßt; schließlich sind sie doch unglücklich und verletzt.

Nachdem Lynn ihn verlassen hatte, fing Bruce gleich eine Beziehung mit Luise an, die in dem Restaurant bediente, in dem er und Lynn oft zu Abend gegessen hatten. Da er Lynns Gewohnheiten kannte, betrat Bruce für gewöhnlich das Lokal, wenn sie gerade anwesend war, und führte – nicht nur für Lynn, sondern für alle Anwesenden sichtbar – vor, wie nah er Luise stand. Er war darüber, daß Lynn ihn verlassen hatte, so verletzt, daß er fest entschlossen war, sie ebenfalls zu verletzen und ihr zu zeigen, wie begehrenswert er immer noch war. Zum Glück beendete Luise die Beziehung, bevor ihre Gefühle verletzt wurden, da sie die wahren Beweggründe für Bruces Handlungen erkannt hatte: Lynn zurückzugewinnen. Schließlich mußte auch Bruce selbst einsehen, daß er die Beziehung zu Luise nur aus Rachegefühlen eingegangen war – ein klassisches Beispiel für Liebe aus Rache.

Gordon war von seiner Frau Yvonne verlassen worden. Sein Verhaltensmuster einer Liebe aus Rache war komplizierter. Als Gordon mich aufsuchte, erschrak ich vor seiner enormen Wut. Er hatte seine Frau sehr geliebt, während sie sich nur wegen seines Vermögens mit ihm eingelassen hatte. Nachdem sie alles bekommen hatte, was sie wollte, packte sie einfach ihre Siebensachen, als er einmal auf Geschäftsreise war, und verließ ihn. In den sechs Monaten, die ihrem Auszug folgten, hatte er jedes Wochenende mit einer anderen Frau verbracht. Jeder dieser Frauen fügte er dieselbe Kränkung zu, die Yvonne ihm angetan hatte.

An den Wochentagen streifte er durch die verschiedenen Nachtlokale in Manhattan, bis er die «Wochenendfrau» nach seinem Geschmack gefunden hatte. Noch vor dem Wochenende schickte er ihr Blumen mit einer Notiz, die eine echte und ehrliche Beziehung versprach. Welche Verlockung für eine Frau: ein gutaussehender, charmanter, wohlhabender Enddreißiger! Es ist leicht, sich vorzustellen, daß er wie ein echter Märchenprinz wirkte.

An den Freitagabenden holte er dann seine Wochenendfrau mit seinem roten Mercedes-Sportcoupé ab und flitzte mit ihr fürs Wochenende zum Hafen hinaus, wobei er ihr durchaus den Eindruck vermittelte, daß sie seine nächste Frau werden würde. Leider stellte sich im Verlauf des Wochenendes für die betroffene Frau heraus, daß eine Party nach der anderen mit viel nichtssagendem Sex stattfand, aber ohne engeren Kontakt mit Gordon. An den Sonntagabenden, nachdem er sich genommen hatte, was er wollte, setzte er die Wochenendfrau wieder vor ihrer Türe ab und brachte es kaum fertig, sich höflich zu verabschieden.

Als ich ihn darum bat, mir von den verschiedenen Frauen etwas zu erzählen, mit denen er im letzten Monat zusammengewesen war, konnte er sich kaum an ihre Namen erinnern, erst recht nicht an ihren Beruf oder an Interessen, die sie mit ihm hätten teilen können. Er war so sehr in seiner Wut und dem Verhaltensmuster einer Liebe aus Rache verstrickt, daß emotionale Nähe für ihn überhaupt nicht mehr existierte. Seine Wut machte es ihm unmöglich zu lieben.

Um sich aus diesem Verhaltensmuster einer Liebe aus Rache zu befreien, muß man zunächst wissen, daß es eine ganz natürliche Reaktion ist, wenn man verlassen wurde. Man muß seine Wut erkennen und herauslassen. Dabei ist es am gesündesten, wenn man dies mit sich selbst ausmacht und es nicht an anderen ausläßt, wie Gordon dies immer wieder tat.

Viele meiner Patienten fanden heraus, daß ein Tagebuch oder ein Heft über all ihre Gefühle (eine Methode der Selbstkontrolle) enorm hilfreich ist, um sich aus dieser Falle wieder herauszuarbeiten. Gordon begann, ein Tagebuch zu führen, und spürte, daß er auf diesem Wege einen großen Teil seiner Wut aus sich herausschreiben konnte und dabei eine große Erleichterung empfand, da er immer besser einschätzen konnte, wie er sich fühlte und warum er sich so fühlte. Einfach zuzugeben, daß er voller Wut war, bedeutete für ihn einen großen Schritt vorwärts. Ich wußte das, denn sein Fall war so extrem, daß es einer langen und ausgiebigen Therapie bedurfte, bevor er wieder eine echte Beziehung aufnehmen konnte.

Überpüfen Sie anhand Ihres Hefts Ihre Gefühle zweimal am Tag – auch wenn es nur ein paar Zeilen sind. Am Morgen beschreiben Sie, wie Sie sich ganz allgemein fühlen, abends geben Sie eine Einschätzung Ihrer Reaktion auf verschiedene Menschen und Situationen im Laufe des Tages ab. Vielleicht wollen Sie auch relativ viel Zeit darauf verwenden, einmal in der Woche den Schmerz oder die Wut schriftlich festzuhalten, die Sie immer noch fühlen. Und wenn Sie neue Beziehungen angeknüpft haben, prüfen Sie Ihre wahren Gefühle und die Rolle, die diese Beziehungen in Ihrem Leben spielen. Vielen meiner Patienten war diese Form der Selbstkontrolle eine unschätzbare Hilfe, ihre Wut zu verstehen und damit umzugehen.

Sollten Sie der Meinung sein, daß Sie mit Ihrer Wut nicht

zurechtkommen und ständig neue Beziehungen aus Rachegefühlen eingehen wie Gordon, suchen Sie einen Therapeuten oder Berater auf. Vielleicht benötigen Sie zusätzliche Unterstützung, um den richtigen Weg fortsetzen zu können und Ihren Gefühlen gegenüber objektiver zu werden. Können Sie Ihre Gefühle erst einmal objektiv betrachten, werden Wut und Verletztheit verschwinden.

Schönfärberei

Bei denjenigen, die verlassen werden, ist es nicht unüblich, daß sie sich in den schönsten Farben ausmalen, was ihr früherer Partner wohl gerade macht. Sie sind überzeugt, daß er eine wunderbare Zeit verbringt und auf den Putz haut, während ihnen das Herz zerbricht. Wenn Sie mit Schönfärberei an der verlorenen Beziehung festhalten, verbringen Sie eine lange Zeit voller Trübsal in der Phase des Kummers. Ihre Welt scheint kleiner, dagegen sind Sie überzeugt, daß sie für den früheren Partner schöner und größer geworden ist. Kern dieser Schönfärberei ist Ihr Selbstmitleid darüber, daß Sie vor einem Nichts sitzengeblieben sind, während der Partner alles hat.

Edward war sicher, daß Rosemarie jeden Abend ausging, um ihre neu entdeckte Freiheit zu genießen, während er sich damit abmühte, seine neue Wohnung einzurichten. Er fühlte sich alles andere als motiviert, wenn er abends nach der Arbeit nach Hause in «Räume voller Leere» zurückkehrte. Warum sollte er ein Bild aufhängen oder Blumen aufstellen? Warum das Bad tapezieren – wozu? Umhüllt von diesem Gefühl der Wertlosigkeit, die er sich selbst einredete, sank er Abend für Abend verzweifelt ins Bett. Sein Leben war ohne Bedeutung. Das einzige, worauf er sich ausrichtete, war der Gedanke, was Rosemarie «wahrscheinlich» jetzt gerade tun würde. Er unternahm lange Spaziergänge, bei denen er nur an Rosemarie dachte und daran, wie gut sie es haben mußte. Rosemarie hatte die Scheidung gewollt und sonnte sich bestimmt irgendwo am Mittelmeer neben einem griechischen Geliebten.

Wie erstaunt war er, als er einen Monat nach Beginn unserer Sitzungen zufällig in einer Kaffeestube auf Rosemarie stieß. Sie aß zu Abend und las Zeitung – völlig allein. Sie trug kein Make-up und sah aus, als habe sie zehn Pfund zugenommen. Ungläubig berichtete Edward: «Sie hat es doch gewollt, aber sie sieht schlechter aus als ich!» Langsam wurde ihm bewußt, wie unsinnig seine Schönfärberei gewesen war und wie sehr sie ihn daran gehindert hatte, in seiner Trennungskrise weiterzukommen.

Einige von uns neigen von Natur aus dazu, den eigenen Kummer zu genießen. Das habe ich an vielen meiner Patienten in einer Trennungskrise beobachtet. Wenn Sie es zulassen, kann Schönfärberei zu einer Art Martyrium führen. Geben Sie acht, daß Sie sie nicht dazu einsetzen, Ihre Aufmerksamkeit von den eigenen Bedürfnissen abzulenken – von Dingen, die Sie für sich tun könnten, um über den Schmerz hinwegzukommen.

Der Partner hat zwar dafür gesorgt, daß Sie eine Trennungskrise erleiden, aber damit fertig werden müssen Sie allein. Um es noch einmal zu wiederholen: Motivieren Sie sich dazu, etwas zu unternehmen, beziehen Sie verschiedene Ablenkungen in Ihr Leben ein, damit Sie aus sich herausgehen. Verschwenden Sie keinen einzigen Tag mehr an den Gedanken, wie schlecht es Ihnen doch geht. Einer meiner Patienten hat es einmal ganz treffend ausgedrückt: «Ja, ich muß mich mit der Realität meiner Situation auseinandersetzen: Man hat mich fallenlassen. Aber ich kann mich auch darauf einstellen und in Bewegung bleiben.»

Die Methode der Gedankenblockade, die das Grübeln

verhindern soll, ist bei der Überwindung der Schönfärberei ebenfalls sehr hilfreich. Jedesmal, wenn Sie das Leben des früheren Partners schönfärben wollen, sagen Sie sich unerbittlich: «Halt!» (wiederholen Sie dies mehrere Male, falls nötig), und lassen Sie sich von einer erfreulichen Tätigkeit in Anspruch nehmen. Ständig wiederholte Teresa das Wort «Halt!», sobald sie Clints Leben schönfärben wollte, und zwar so lange, bis sie in einem Kino, Theater, in einer Vernissage oder in einem Konzert angekommen war. Einmal dort, konnte sie sich ganz der Darbietung hingeben. «Ich ersetzte Clint durch die Künste. Mit der Zeit wurde mir klar, welche Zeitverschwendung es doch war, sein Leben schönzufärben, wenn ich mein Leben doch mit soviel Kultur bereichern konnte.»

Setzen Sie sich hin und stellen Sie eine Liste aller positiven Aspekte Ihres Lebens auf. Das können Dinge sein wie gute Gesundheit, eine gute Stellung, gutes Aussehen, intakte Familienbeziehungen, enge Freunde, ein schönes Zuhause, ein hübsches Auto, ein gesundes finanzielles Polster. Heften Sie diese Liste an Ihren Spiegel im Bad; jedesmal, wenn Sie sich selbst bemitleiden, betrachten Sie sich im Spiegel und lesen sich dabei die Liste von Anfang bis Ende laut vor, indem Sie anfangen: «Ich habe...» Sie werden sehen, diese Form der positiven Selbstsuggestion hilft Ihnen, das Selbstmitleid zu überwinden.

Eine andere Form der Schönfärberei ist die Idealisierung. Dabei ruft man sich ständig all die wunderbaren Eigenschaften des Partners ins Gedächtnis, der gerade gegangen ist. Die natürliche Neigung, Schmerz zu verdrängen und nur Positives und Erfreuliches im Leben zu bewahren, mag nützlich sein, wenn es darum geht, ein emotionales Trauma zu überwinden, sie kann aber auch die Trennung vom Partner erschweren.

Dies ist häufig der Fall während der Schuldzuweisungsphase. Ich empfehle immer dann, wenn jemand sich nur auf die positiven Seiten des Partners konzentriert, eine Liste aller negativen Eigenschaften, an die man sich erinnert, aufzustellen. Wenn Sie dies oft tun, werden Sie feststellen, daß Sie wesentlich objektiver reagieren und die Beziehung so sehen, wie sie tatsächlich war. Ihre Idealisierungstendenzen werden nachlassen, und Sie werden fähig sein, Ihre Aufmerksamkeit darauf zu lenken, mit dem eigenen Leben wieder zurechtzukommen.

Sprunghaftigkeit

Das Gegenteil des Festklammerns, die Sprunghaftigkeit, ist eine typische Falle für diejenigen, die ihre Trennungskrise schnell durchlaufen, die ihr Leben mit unzähligen Tätigkeiten anfüllen, nur um dem seelischen Schmerz auszuweichen. Beim Festklammern müssen Sie sich selbst motivieren, um die Trennungskrise durchstehen zu können; bei Sprunghaftigkeit müssen Sie sich eher bremsen, so daß Sie jede Phase effektiv bewältigen können, bevor Sie zur nächsten übergehen.

Zu Sprunghaftigkeit neigenden Menschen fällt es schwer, abends zu Hause zu bleiben, um ein gutes Buch zu lesen oder fernzusehen. Es ist, als ob sie nicht stillsitzen könnten. Ein Wochenende allein läßt sie die Wände hochgehen. Also versuchen sie der Trennungskrise auszuweichen durch einen wahren Wirbel an kurzen sexuellen Erlebnissen oder durch eine neue Beziehung, die sie voreilig eingehen, bevor sie die Ablösungsphase ihrer Trennungskrise erreicht haben. Solche voreilig eingegangenen Beziehungen bergen in sich schon die Auflösung und fügen ihrem erschütterten emotionalen Zustand noch mehr seelische Wunden hinzu. So ging es Gabriele.

Gabriele und Paul heirateten, weil Gabriele schwanger war. Obwohl er stolz auf seinen kleinen Sohn war, konnte Paul ein Jahr später die Ehe nicht mehr aufrechterhalten, weil er Gabriele einfach nicht liebte. Nachdem er ausgezogen war, befand sich Gabriele in einem emotional desolaten Zustand, so daß sie für ihren Sohn nicht mehr sorgen konnte. Ihre Mutter übernahm diese Aufgabe freiwillig und schlug ihr vor, einfach einmal von allem Abstand zu nehmen; vielleicht wäre ein Abstecher in die Karibik oder nach Mexiko für sie das richtige und würde ihren seelischen Schmerz erleichtern.

Gabriele suchte sich einen abgeschiedenen Ort in Mexiko und war sicher, daß Sonne, Sand und Meer genau das waren, was sie brauchte. Sie war aber auch begierig, die emotionale Leere auszufüllen, die Pauls Weggang hinterlassen hatte, so daß sie nicht in der Lage war, allein über ihren Schmerz hinwegzukommen, sich in der Schönheit Mexikos zu erholen und ihre Gefühle zu sortieren. Sie freundete sich statt dessen schnell mit einem Mann an, der im gleichen Hotel wohnte und der ihr Wärme und Freundlichkeit entgegenbrachte.

Später erzählte sie mir, daß sie ein paar Tage, nachdem sie sich kennengelernt hatten, miteinander ins Bett gingen. Während sie sich liebten, schloß Gabriele die Augen und stellte sich vor, sie sei mit Paul zusammen. Als sie am folgenden Morgen aufwachte und diesen Fremden neben sich entdeckte, wurde ihr angst und bange; sie packte ihre Sachen und reiste noch am selben Nachmittag ab.

Zum Glück setzte Gabriele dieses Verhalten nicht fort, aber es ist oft so, daß man nach einem «Seitensprung» zum nächsten wechselt, ohne auf sein Trauma zu achten. Man fährt fort, sein Leben mit bedeutungslosen Beziehungen anzufüllen, weil man es nicht schafft, dem seelischen Schmerz entgegenzutreten oder allein zu sein. Sich der Stille des Alleinseins zu stellen, wie im zweiten Kapitel beschrieben, ist eine der größten Ängste. Wenn man jedoch von einer Beziehung zur nächsten springt, bleiben die Wunden und Ängste immer noch bestehen – ungeheilt.

Wann immer man denkt: «Ich liebe», bedeutet es eigentlich: «Ich brauche.» Man will sich dem Schmerz nicht stellen und verbirgt ihn statt dessen mit dem Aufbau einer neuen Beziehung. Der Antrieb ist «Ich liebe dich, weil ich dich brauche». Was man wirklich sucht, ist ein Psychiater oder ein Babysitter, nicht ein gleichwertiger Partner.

Gordons Verhalten war sowohl ein Fall von Liebe aus Rache, da er seine Wochenendfrauen ebenso kränkte, wie seine Frau ihn gekränkt hatte, als auch ein Fall von Sprunghaftigkeit, da er Woche für Woche eine andere Frau nahm. Wochenenden bedeuteten Freizeit, und er konnte diese Zeit nicht mehr allein verbringen.

Anhaltende Sprunghaftigkeit kommt vor allem bei Männern vor, da sie größere Schwierigkeiten haben, sich offen mit Gefühlen auseinanderzusetzen und sich ihrem seelischen Schmerz zu stellen, als Frauen. Die schlimmsten Fälle einer Trennungskrise habe ich in der Tat bei Männern entdeckt. Wenn sie oft die Frauen wechseln, so bedeutet jede Eroberung den vorübergehenden Wiederaufbau des Ego. Aber schließlich läßt auch der Reiz einer Eroberung nach, sie macht immer weniger Spaß, und der Mann muß erkennen, daß er seinem seelischen Schmerz ein für allemal Auge in Auge gegenübertreten muß.

Um aus dieser Falle herauszukommen, müssen Sie sich zunächst bewußt werden, was Sie tun; Sie müssen einsehen, daß Ihr Leben sich verzettelt und daß Ihre Sprunghaftigkeit ebenso wie Ihre allgemeine Unfähigkeit, allein zu sein, aus Ihrem Schmerz resultiert. Der nächste Schritt besteht darin, Ihr Verhalten allmählich zu ändern, so daß das Alleinsein keine Belastung mehr für Sie darstellt.

Zu Anfang beginnen Sie vielleicht damit, abwechselnd eine Nacht zu Hause und eine Nacht auswärts zu schlafen, mit dem Ziel, mehr als eine Nacht hintereinander zu Hause verbringen zu können. Für die Abende, an denen Sie zu Hause bleiben, planen Sie eine Tätigkeit, mit der Sie diese Zeit genießen können. Zunächst werden Sie nicht in der Lage sein, an diesen Abenden allein zu sein; dieser Wandel wäre zu radikal und würde Ihren Schmerz nur noch vergrößern. Laden Sie jemanden ein, mit dem Sie gern zusammen sind. Oder geben Sie ein Abendessen. Dies ist eine gute Gelegenheit, neue Freundschaften zu pflegen und alte wieder aufzufrischen.

Letztendlich müssen Sie es jedoch allein durchstehen. Sehr wahrscheinlich werden Sie keine sehr angenehme Zeit erleben und vielleicht zu Beginn so etwas wie Panik empfinden. Dann ist es an der Zeit, ein gutes Buch zur Hand zu nehmen, sich neue Videokassetten zu leihen oder ein bestimmtes Vorhaben wieder aufzugreifen, das Sie beiseite gelegt hatten. Sie sind reizbar und nervös, durchschreiten die Räume und können sich nicht konzentrieren. Einige meiner Patienten haben diese schwierige Situation mit einem langen, beruhigenden Bad bei leiser Musik gelöst. Von anderen weiß ich, daß ein paar leichte Yogaübungen und tiefes Durchatmen unter ständiger Wiederholung der Worte «Ich bin ruhig» ihnen geholfen hat, ihre Angst zu überwinden.

Unabhängig von Ihren Reaktionen sollten Sie wissen, daß es am Anfang sehr schmerzhaft sein wird, wenn Sie sich auf Ihr Alleinsein einstellen. Jede Nacht, die Sie allein zu Hause verbringen, wird Sie jedoch in Ihrer Selbstsicherheit stärken und Ihr Selbstbewußtsein weiterentwickeln. Und mit der Zeit, wenn Sie mit sich ins reine kommen, werden Ihnen auch die Gründe für die Trennung immer deutlicher.

Es ist wohl eines der einzigartigen Phänomene eines psychischen Reifeprozesses, daß man sich dazu zwingen kann, etwas zu tun, das emotional unangenehm ist, von dem man aber weiß, daß es letztlich eine heilsame Wirkung haben wird; hat man das geschafft, fühlt man sich seiner selbst sicherer, da man seine Gefühle in den Griff bekommt, statt von ihnen mitgerissen zu werden. Je besser man seine Emotionen unter Kontrolle bekommt, desto mehr verringert sich der Schmerz, weil man ihn bewältigt. Denken Sie daran, daß Schmerz konstruktiv sein kann; die Herausforderung besteht darin, so gut wie möglich seinen täglichen Verpflichtungen nachzukommen, während man sich damit auseinandersetzt. Dem Schmerz davonzulaufen, wird sich jedoch als selbstzerstörerisch erweisen.

Der Anziehungskraft der alten Beziehung erliegen

Diese Falle ist eine der schmerzhaftesten. Sie verfallen ins Grübeln, neigen aber gleichzeitig zum Pendeln, da es Sie – wie eine Motte zum Licht – ständig in die alte Beziehung zurückzieht, nur um immer aufs neue verletzt zu werden. Und so wie eine Motte sich immer größere Verletzungen zuzieht, je näher sie dem Licht kommt, so leiden auch Sie immer stärker, je öfter Sie sich der Ablehnung durch den anderen Partner aussetzen. Wie unter Zwang versuchen Sie immer wieder, die Beziehung wiederherzustellen, ohne die erniedrigende Zurückweisung wahrzunehmen, die diese Falle so verheerend macht.

Obwohl Sie verlassen wurden, betteln Sie ständig darum, wieder aufgenommen zu werden, und suchen nach immer neuen Wegen, wie Sie sich wieder in das Leben des früheren Partners hineindrängen können. Vielleicht versuchen Sie den anderen ständig anzurufen, oder Sie schicken ihm Geschenke und Kartengrüße. Durch all diese Versuche verleugnen Sie jedoch lediglich die Tatsache, daß die Beziehung beendet ist.

Diese wenig fruchtbringenden Annäherungsversuche werden den anderen Partner alles andere als beeindrucken – sie sind eher ein Ärgernis. Er wird auch weiterhin mit Ablehnung und Gleichgültigkeit reagieren, so daß Sie immer neuen Schmerzen ausgesetzt sind und sich immer wertloser fühlen, da Ihre Selbstachtung sinkt. So wie das Licht schließlich die Motte vernichtet, wird die wiederholte Ablehnung auch Sie zerstören.

Samantha verharrte einerseits in ihren Grübeleien über Maurice, benahm sich andererseits aber auch wie eine Motte im Licht bei ihren Versuchen, Maurice wieder in ihr Leben zu locken. Sie trat absichtlich einen Schritt zur Seite, nur um in seinen Lieblingsbars und Restaurants mit ihm zusammenzustoßen, nachdem sie zuvor Stunden damit verbracht hatte, sich zu schminken und anzukleiden, weil sie hoffte, ihn damit verführen zu können. Sie hinterließ leidenschaftliche Botschaften auf seinem Anrufbeantworter und blieb die halbe Nacht wach, um auf seinen Rückruf zu warten, der nie kam. Sie schickte ihm sogar eine seltene Orchidee mit der Notiz: «Unsere Liebe wird nie enden, weil sie so selten ist wie diese Orchidee.»

Je besessener Samanthas Versuche wurden, desto energischer wies Maurice sie zurück. Sie war von dem hellen Licht so stark angezogen, daß sie ihre Versuche fortsetzte, näher zu kommen. Maurice ärgerte sich jedoch so sehr über ihr penetrantes Verhalten, daß er eine Geheimnummer beantragte und seine alten Stammlokale nicht mehr aufsuchte.

Zwar gaben Samantha die leidenschaftlichen telefonischen Botschaften und das Geschenk der Orchidee die Illusion, daß sie immer noch Teil seines Lebens war, in Wirklichkeit aber wurde sie einfach ignoriert. Dieser nicht endende Zwang, es trotz seiner beständigen Zurückweisung weiterhin zu versuchen, ließ sie schließlich erkennen, daß sie Hilfe brauchte. Samantha hatte emotional ihren Tiefpunkt erreicht, denn sie hatte jegliches Gefühl für die Realität verloren, die darin bestand, daß die Beziehung nicht mehr existierte. Später, als sie ihre Emotionen wieder unter Kontrolle bekam, erzählte sie mir: «Ich dachte, ich sei wertlos ohne ihn. Ich fühlte mich erschöpft und machtlos. Und je mehr er mich zurückstieß, desto mehr wollte ich ihn. Er war wie eine Droge für mich – meine fixe Idee –, und ich wußte wirklich nicht, wie ich ohne ihn leben sollte.»

In schweren Fällen dieses Verhaltensmusters wird man erst, wie Samantha, auf dem emotionalen Tiefpunkt erkennen, daß man einen Menschen nicht zu Gefühlen zwingen kann, die er nicht hat. Alle Geschenke, Telefonanrufe und alles Betteln der Welt werden den Partner nicht dahin bringen, zu geben, was er nicht geben kann.

Wenn Sie dieses Verhaltensmuster bei sich feststellen, müssen Sie sich darauf konzentrieren, alle Aktivitäten von Ihrer Seite aus einzustellen, die Sie weiterer Zurückweisung aussetzen. Dies wiederum bedeutet, wie schon beim Grübeln, aktiv werden: Legen Sie neben jeden Telefonapparat einen Zettel, der Sie ermahnt, nicht zum Hörer zu greifen, wenden Sie die Gedankenblockade an, und sagen Sie sich «Halt!», sobald Sie versucht sind, mit dem Partner erneut Kontakt aufzunehmen; füllen Sie Ihr Leben mit Ablenkungen, die Sie von Ihrem früheren Partner abbringen.

Ich hatte auch Patienten, die ein Tonband über den Verlauf ihrer Beziehung besprochen haben: was gut daran war, wann und warum sich etwas änderte, warum sie zu Ende gehen mußte und in welcher Hinsicht es für beide heilsam war, daß sie ein Ende hatte. So ein Tonband hilft Ihnen, den Unterschied zu verstehen zwischen dem, was war, und dem, was ist. Immer wenn Sie versucht sind, anzurufen oder irgend etwas zu unternehmen, das Sie wieder in diese Beziehung zurückzieht, hören Sie sich das Tonband an. Ihre eigene Stimme, die Ihnen immer wieder die Wahrheit sagt, wird es Ihnen erleichtern, Ihre Selbstbeherrschung beizubehalten. (Mehr Information über die Herstellung eines Trennungsschock-Tonbands erhalten Sie im siebten Kapitel.)

Oft erliegen wir Selbsttäuschungen über die Realität unserer Beziehung, da wir den Schmerz einfach nicht ertragen können, den wir mit dem endgültigen Loslassen verbinden. Dieses Verleugnen kann uns völlig beherrschen. Wir nähern uns lieber weiterhin dem Licht und versengen uns die Flügel, als allein davonzufliegen.

Wenn der frühere Partner Sie nach wie vor freundlich behandelt und sogar mit einem gelegentlichen Treffen einverstanden ist, müssen Sie eine Überprüfung der Realität vornehmen. Verwechseln Sie Freundlichkeit nicht mit Liebe; der andere mag zu Anfang nur deshalb freundlich auf Ihre Versuche reagieren, weil er Sie und Ihre vergangene Beziehung achtet, ohne allerdings gewillt zu sein, zurückzukehren.

Die Zeit, die man mit jemandem verbringt, von dem man sich getrennt hat, erweckt vielleicht unrealistische Hoffnungen, da man sich denkt: «Na bitte, der andere vermißt mich doch und will zu mir zurück.» Jetzt ist es an der Zeit, sich selbst gegenüber ganz ehrlich zu sein und sich folgende Fragen zu stellen:

– War das Beisammensein romantisch, oder bilde ich mir etwas ein, das gar nicht war?
– Hat der andere freiwillig Körperkontakt gesucht, oder habe ich ihn erzwungen?
– Gab es wirklich Zärtlichkeit und echte Gefühle, oder lege ich in das Verhalten des anderen Dinge, die nicht da waren?

Wenn Sie davon überzeugt sind, daß auch nur der kleinste Funke Interesse da ist, eine winzige Chance, daß die Beziehung wiederbelebt werden kann, bitten Sie den Partner, ein oder zwei Wochen über Ihre Beziehung nachzudenken und Sie dann anzurufen. In neun von zehn Fällen ruft der andere nicht zurück; wenn überhaupt, ist er froh, wenn nicht abgehoben wird.

Es erfordert eine gehörige Portion Mut Ihrerseits, diesen Schritt zu tun und zu sagen: «Ich überlasse es dir, o. k.?» Wenn der andere Partner nicht so reagiert, wie Sie es sich erhofft haben, wird Ihre Selbstachtung dennoch nicht leiden, da Sie ihm die Wahl überlassen haben. Wiederum nehmen Sie Ihr Leben in die Hand, durchlaufen allein Ihre Trennungskrise und tun letztlich Dinge, die gut für Sie sind – statt aus lauter Verzweiflung etwas zu unternehmen, was nur für den Moment Erleichterung verschafft.

Flucht durch Exzesse

Eine der häufigsten Reaktionen auf Verlust und Abweisung ist zwanghaftes Verhalten oder, wie ich es nenne, Flucht durch Exzesse. In diese Falle gerät man schnell, wenn das Leben ohne den anderen aus dem Gleichgewicht geraten ist. Ist der Stein erst einmal ins Rollen gebracht, so ist es nicht mehr weit zum Exzeß.

Die schlimmste Form exzessiven Verhaltens ist Drogen- oder Alkoholmißbrauch, manchmal sogar kombiniert, um den Schmerz zu betäuben und den Liebesverlust zu kompensieren. Das Problem dabei ist, daß diese Wirkstoffe nur vorübergehende, kurze Erleichterung verschaffen, so daß man immer wieder darauf zurückgreifen muß, um eine anhaltende Wirkung zu erzielen. Bei diesem Verhalten wird man die Kontrolle über seine Emotionen eher noch mehr verlieren, statt sie in den Griff zu bekommen. Die Exzesse sind, werden sie voll ausgelebt, die gefährlichste Falle wäh-

118

rend einer Trennungskrise. Daher ist unbedingt davon auszugehen, daß man sich während einer Trennungskrise in einer äußerst risikoreichen Phase befindet. Man sollte bei allen Unternehmungen sehr vorsichtig mit sich umgehen und alle Suchtmittel vermeiden. Ich habe viele Drogensüchtige beraten, die sich aufgrund einer zu Ende gegangenen Liebesbeziehung in die Sucht geflüchtet hatten, sowie Alkoholiker, die angefangen hatten zu trinken, um den Schmerz einer Scheidung zu betäuben. Beispiele für diese Falle liest man jeden Tag in der Zeitung, und Sie kennen sicher auch Beispiele aus Ihrem eigenen Freundeskreis.

Beim exzessiven Verhaltensmuster wird eine grundlegende Realität des Lebens verkannt: Was für einen Augenblick Wohlbefinden und Erleichterung verschafft, dient nicht dazu, wahres Glück oder Lösungen für emotionale Probleme zu schaffen. Die Suche nach dem Glück mit Hilfe dieser Exzesse kann nur in Zerstörung enden. Ich versichere Ihnen, daß der Versuch, durch Exzesse mit einer Trennungskrise fertig zu werden, nicht gewinnbringend ist; er führt zu dauerhaften physischen und psychischen Schäden.

Wenn Sie feststellen, daß Sie in eine dieser Fallen laufen, nehmen Sie es nicht einfach hin. Geben Sie zu, daß Sie Hilfe brauchen. Hüten Sie sich davor, es zu leugnen, denn dann sind Sie versucht zu denken: «Ich komme damit zurecht. Ich habe alles unter Kontrolle.» Mit solchen Gedankengängen werden Sie sich nur noch tiefer verstricken, denn Sie graben sich damit buchstäblich Ihr eigenes Grab.

Erkennen Sie den Grund für Ihre Unmäßigkeit darin, daß Sie mit Ihrem seelischen Schmerz nicht zurechtkommen, daß Sie die Kontrolle über sich verloren haben. Denn niemand, der sein Leben fest im Griff hat, zerstört es durch eigenes Verschulden.

Ich kann nicht genug betonen, wie wichtig es ist, daß man sofort aktiv wird und fachmännische Hilfe sucht, entweder über eine Therapie, eine Beratungsstelle oder eine der vielen Selbsthilfegruppen. Für jedes Problem mit Suchtmittel-Mißbrauch gibt es Selbsthilfegruppen, wie z. B. die Anonymen Alkoholiker. Sollten Sie nicht wissen, wo und wie Ihnen geholfen werden kann, wird sicher der Arzt im Gesundheitsamt (oder natürlich Ihr Hausarzt) in der Lage sein, Ihnen den rechten Weg zu zeigen.

Vielleicht nicht ganz so destruktiv und gefährlich, aber auch psychische und physische Schäden hervorrufend, ist die Eßsucht. In den einsamen Nächten nach einer Trennung mag vielleicht das Essen ein gewisser Trost sein, aber wenn Sie dann die zusätzlichen Pfunde sehen, nachdem die schlimmste Zeit der Trennungskrise vorüber ist, wird dies ein psychischer Rückschlag für Sie sein und die Reorganisation Ihres Lebens verzögern. Abgesehen von der äußeren Erscheinung, kann plötzliche Gewichtszunahme gesundheitliche Probleme wie Bluthochdruck mit sich bringen.

Wenn Sie dazu neigen, Abend für Abend in Süßigkeiten zu schwelgen, statt sich mit Ihren Gefühlen zu beschäftigen, empfehle ich Ihnen, die Nahrungsaufnahme ganz sorgfältig zu überwachen. Denken Sie daran, daß jeder überflüssige Bissen schließlich in Pfunden und Kilos bezahlt wird, eventuell sogar mit Ihrer Gesundheit.

Als Marlene ihre Therapie begann, hatte sie innerhalb von zwei Wochen fünf Pfund zugenommen, nachdem sie und Bobby sich getrennt hatten. Dies fiel ihr nicht schwer, da sie in einem Delikatessengeschäft arbeitete. Sie war eine hübsche Frau in den Zwanzigern mit schwarzem Haar und blauen Augen. Sie erzählte mir, daß sie immer krampfhaft auf ihr Gewicht geachtet habe. «Mir ist so, als hätte ich mein ganzes Leben damit verbracht, zu hungern, um Größe 36 zu behalten. Dabei koche ich gern, esse gern und verkaufe auch gern Lebensmittel. Und seit Bobby und ich auseinander sind, ist mir alles egal. Warum soll ich nicht auch mal

Käsekuchen essen? Ich verschlinge eine Schachtel Eis, ohne mit der Wimper zu zucken!»

Die Tatsache aber, daß sie hilfesuchend in meinem Büro saß, zeigte mir, daß es ihr doch etwas ausmachte. Ihre Trennungskrise mit Größe 40 zu überstehen, war nicht das, was sie wollte. Außerdem hatte es in ihrer Familie Diabetes gegeben. Ich riet ihr, ein Eßtagebuch zu führen. Bevor sie irgend etwas zu sich nahm, sollte sie aufschreiben, was es war und wie sie sich in diesem Augenblick fühlte. Das Tagebuch machte ihr nicht nur all die Dinge bewußt, die sie zu sich nahm, sondern machte auch einsichtig, daß sie das Essen als Ersatz für die verlorene Liebe benutzte.

Damit sie ihre Eßgelüste zu Hause unter Kontrolle halten konnte, empfahl ich ihr ein Trainingsfahrrad in der Küche. Wenn sie das Bedürfnis verspürte, etwas essen zu müssen, lag es an ihr, sich auf das Rad zu setzen und so lange zu strampeln, bis sie ihre Selbstbeherrschung wiedergefunden hatte. An ihrem Arbeitsplatz im Delikatessenladen riet ich ihr dringend, zu Gemüse oder Obst zu greifen statt zu Kartoffelsalat.

Ich schlug die Therapie lediglich vor, und es lag allein an Marlene, so viel Selbstdisziplin aufzubringen, daß sie sie befolgen konnte. Einen Monat später pendelte Marlene zwar immer noch zwischen der Phase der Schuldzuweisung und des Verzichts hin und her, hatte aber die fünf Pfund wieder runter und war ganz stolz auf ihre straffen Hüften.

Vergleichsdenken

Sie wollen wieder Verabredungen eingehen, doch leider entspricht niemand Ihren Erwartungen, da Sie jeden, den Sie treffen, mit Ihrem vorherigen Partner vergleichen. Wenn dieses Vergleichsdenken Ihre Falle ist, so nimmt es für gewöhnlich eine von zwei Formen an: Entweder suchen Sie jemanden, der genauso ist wie Ihr vorheriger Partner, oder Sie weigern sich, mit jemandem zusammenzusein, der auch nur die geringste Ähnlichkeit mit ihm hat. Sie hängen an einer Illusion, die ich das *Perfektionsmodell* nenne, da Sie sich in Ihrer Vorstellung das Ideal eines Partners schaffen, das es nicht gibt. Niemand, den Sie treffen, wird Ihren Erwartungen entsprechen, da es keinen perfekten Menschen gibt.

Wer nach dem Ebenbild seines Partners sucht, hat den Liebesverlust möglicherweise noch nicht völlig überwunden und hängt immer noch Grübeleien nach. Er hofft, einen gleichwertigen Ersatz zu finden. Wer umgekehrt jeden ablehnt, der auch nur im entferntesten an den früheren Partner erinnert, befürchtet vielleicht, denselben seelischen Schmerz noch einmal durchmachen zu müssen.

In jedem Fall handelt es sich um extreme Verhaltensweisen, aber es ist eine der Fallen während einer Trennungskrise, aus der man relativ leicht herauskommen kann. Wer zu Vergleichsdenken neigt, muß sich über die eigenen Bedürfnisse klarwerden und auch verstehen, daß er – egal, wie intensiv der erlittene Schmerz war – mit dem früheren Partner immerhin einige Jahre verbracht hat, eben weil dieser einen Teil der Bedürfnisse befriedigt hat. Jetzt kommt es darauf an, jemanden zu finden, der die Bedürfnisse befriedigt, ohne die Verletzungen und Unzulänglichkeiten der vorhergehenden Beziehung zu wiederholen. Also ist es wichtig, sich auf die persönlichen Ansprüche zu konzentrieren und wie sie erfüllt werden können, und sich nicht zu gestatten, neue Bekanntschaften mit dem vorigen Partner zu vergleichen. Alle Menschen, die man kennenlernt, müssen als Individuen betrachtet werden.

Eine meiner Patientinnen, eine bekannte Schauspielerin, hatte bereits drei Ehen hinter sich, als sie mich aufsuchte.

Dieser Fall von Vergleichsdenken war wohl der ausgeprägteste, den ich je zu behandeln hatte.

Jede Ehe war unter denselben unglücklichen Begleitumständen zerbrochen. Als sie nun ins Auge faßte, den Schritt zum vierten Mal zu wagen, machte sie sich Sorgen. Sie wollte nicht schon wieder einen Fehler begehen. Während ihrer Therapie erkannte sie, daß sie seit ihrer ersten Ehe von einer unglücklichen Ehe in die nächste gestolpert war, ohne die Phasen der Trennungskrise nach einer beendeten Ehe zu durchlaufen. Und jedes Mal warf sie sich wieder in die Arme eines Mannes, der ihrem ersten ähnlich war.

Brad war die große Liebe ihres Lebens gewesen – ein aufregender, sinnlicher Mann, der aber auch eine Spielernatur war. Die guten Dinge, die sie glücklich machten, hatten ihre Schattenseiten; immer wieder fühlte sie sich zu etwas windigen Männern hingezogen. Sie brauchte die Spannung. Leider war mit der Spannung auch das Risiko verbunden. Und ob es sich nun um unsichere Geschäfte oder den Spieltisch handelte, jeder Mann verließ sich letztlich nur auf ihr Geld. Am Ende mißlang die geschäftliche Transaktion, oder Fortuna wandte sich ab, so daß sie mit einem etwas kleineren Bankkonto zurückblieb.

Da ich befürchtete, ihre vierte Ehe würde sich genauso auflösen wie die ersten drei, ließ ich sie eine Liste ihrer persönlichen Bedürfnisse und der Dinge aufstellen, die für sie in einer Beziehung wichtig waren. «Spannung» stand an erster Stelle, aber auch «nicht ausgenutzt werden». Was sie erkennen mußte, war, daß es viele aufregende Männer gab, die noch dazu unabhängig und nicht auf ihr Geld oder ihren Ruhm angewiesen waren, um den eigenen Reizen Nahrung zu geben. Bis zur Aufstellung dieser Liste war sie immer der Meinung gewesen, es müsse möglich sein, die Spannung, die sie brauchte, auch ohne irgendein Risiko zu bekommen, wenn man nur wählerisch genug war.

Als sie ihre Liste analysierte und einen genauen Blick auf die Entstehungsgeschichte und die Eigenschaften ihrer jetzigen Liebesbeziehung warf, beschloß sie, die Ehe noch hinauszuschieben. Einen Monat später rief sie mich an, und die Trauer in ihrer Stimme war nicht zu überhören: «Jordan ist gegangen. Vor einer Woche hat er mich verlassen, weil ich nicht bereit war, seine letzte Spekulation abzudecken. Ich glaube, Dr. Gullo, ich werde ab sofort etwas langsamer treten. Vergleichsdenken schadet mir, und ich muß diese Sprunghaftigkeit einfach ablegen. Es ist an der Zeit, daß ich mich mit meinem seelischen Schmerz ein für allemal auseinandersetze . . .»

Endet eine Liebesbeziehung, werden die emotionalen Grundfesten schwer erschüttert und zerbrechen dort, wo sie am schwächsten sind. Jede Falle, in die Sie während einer Trennungskrise laufen, sollten Sie als eine dieser Schwachstellen betrachten. Sie können sie ausbessern und glätten, wenn Sie Ihren Charakter stärken.

Die Überwindung der Fallen während einer Trennungskrise ist eine weitere Herausforderung im Leben, die die Möglichkeit bietet, emotional zu wachsen. Wenn man sich aus diesen Fallen herausgearbeitet hat, geht man mit einem gestärkten Selbstwertgefühl und größerer Selbstachtung daraus hervor. Man erkennt, daß man selbst in der Lage ist, seine emotionalen Grundfesten zu verstärken, und allein die Kraft hat, seine Gefühle und Verhaltensweisen zu zügeln und zu kontrollieren.

6   Verzicht: Abschied von einer Liebe

Lorna saß in meinem Büro und hatte zwei ziemlich große Kartons mitgebracht. Das hellblaue Kaschmirkleid sah zu ihrem halblangen weißen Haar verblüffend gut aus. In den sechs Monaten, in denen wir nun zusammenarbeiteten, hatte sich ihr Äußeres erstaunlich verändert. Bei unserem ersten Zusammentreffen sah sie eher altmodisch und unscheinbar aus: Der seelische Schmerz hatte ihre Persönlichkeit überwältigt.

Zu Beginn unserer Therapie verhielt sich Lorna nach dem passiven Reaktionsmuster. In ihrem Kummer schloß sie sich von allem und jedem ab, auch von den Menschen, die sie von ihrem Unglück hätten ablenken können, in das sie versunken war, nachdem Andy ihre Ehe nach dreißig Jahren beendet hatte. In unseren ersten Sitzungen – Andy war gerade in die Wohnung seiner Freundin gezogen – saß sie die erste halbe Stunde weinend in meinem Büro und klagte, sie müsse wohl fürchterlich versagt haben, daß ihr so etwas passieren konnte. Manchmal wurde sie hysterisch und geriet dermaßen in Wut, daß sie mich anschrie: «Womit habe ich das nur verdient? Ich habe alles getan, um ihn zufriedenzustellen. O mein Gott, was werden die Kinder wohl denken, wenn sie das herauskriegen?»

Lorna fürchtete sich davor, ihrem Sohn oder ihrer Tochter von der Trennung zu berichten, da sie überzeugt war, sie würden sie nicht verstehen und ihr die Schuld geben. Da ihr

Sohn bei der Marine war und ihre Tochter weit entfernt lebte, sahen sie sich nur selten. Sie standen sich jedoch sehr nah, schickten Fotos, Tonbänder und Briefe. Schließlich würden sie es doch merken, daß etwas geschehen war. Ich ermutigte sie, es ihnen zu erzählen, bevor Andy dies tun würde, und betonte dabei, daß die Kinder zunächst vielleicht kein Verständnis haben würden, sie aber sicher weiterhin so lieben würden wie bisher.

Eine Woche später rief sie dann endlich von meinem Büro aus bei ihrer Tochter an und erklärte ihr so ruhig wie möglich, was geschehen war. Als ihre Tochter antwortete, fing Lorna an zu weinen. Die Unterhaltung wurde dadurch beendet, daß Lorna unter Tränen in den Hörer flüsterte: «Nichts... Nichts... Ich ruf dich bald wieder an.»

Ich reichte ihr ein Taschentuch und befürchtete das Schlimmste. Doch obwohl sie immer noch weinte, strahlten ihre Augen. «Ich kann es kaum glauben, Dr. Gullo. Wissen Sie, was sie sagte? Sie sagte, ich sei phantastisch. Sie sagte, ich sei gut und stark und die beste Mutter überhaupt. Sie wollte wissen, ob sie mir irgendwie helfen könnte. Und dann sagte sie noch: ‹Mama, ich habe dich lieb, egal, was geschieht.›»

Dann unternahm sie den nächsten Schritt und schrieb ihrem Sohn. Er antwortete sofort per Funk von seinem Schiff aus, um ihr seine Besorgnis und sein Verständnis mitzuteilen.

Von diesem Zeitpunkt an begann Lorna zu kämpfen und sich mit ihrer Trennungskrise aktiv auseinanderzusetzen. Sie nahm eine Teilzeitbeschäftigung in einem Warenhaus an, um nicht mehr so allein zu sein. Sehr zu ihrer Überraschung traf sie dort andere Frauen, geschieden oder verwitwet, die es geschafft hatten, ihr Leben zu reorganisieren. Sie dienten Lorna als Rollenbeispiele, nachdem sie erkannt hatte, daß es im Leben mehr als nur die Ehe gibt. Auch die

Liebe ihrer Kinder war ein bedeutender Ansporn. Da die Reaktion ihrer Tochter so positiv gewesen war, schlug ich vor, sie solle sie doch alle zwei Wochen zur Stärkung ihres Selbstvertrauens anrufen, damit sie die ersten Phasen des Kummers und der Schuldzuweisung überwinden konnte.

Es war harte Arbeit für Lorna, bis sie ihr Selbstmitleid und ihre Selbstvorwürfe hinter sich lassen konnte. Und sie hatte sich aus mehr als nur einer Falle herauszuarbeiten: Grübeln, Schönfärberei und Eßsucht waren ihre Dämonen. Eine gewisse Ironie bestand darin, daß sie attraktiver und selbstbewußter wurde, je weiter sie sich durch ihren Schmerz hindurcharbeitete. Diese Qualitäten waren so etwas wie eine Belohnung für ihre Trennungskrise.

Aber Lorna hatte die Trennungskrise noch nicht vollständig überwunden. Sie befand sich in der Phase des Verzichts, die ich auch die Phase des Abschieds nenne – die entscheidende Phase in jeder Trennungskrise und für viele die schlimmste Phase.

Die Phase des Verzichts ist die wichtigste während einer Trennungskrise; zu dieser Zeit fällt man die Entscheidung, die Beziehung ein für allemal aus seinem Leben zu entlassen. Es ist nun an der Zeit, dem, was war und nie wieder sein wird, endgültig den Abschied zu geben, sobald man erkennt, daß man nicht sein Leben damit verbringen kann, dem hinterherzuweinen, was hätte sein können.

Lorna war zwar verzweifelt darum bemüht, loszulassen, war aber nicht dazu in der Lage. Dies ist das größte Hindernis, das alle Menschen während ihrer Trennungskrise in der Phase des Verzichts überwinden müssen, bevor sie die Reorganisation in Angriff nehmen können. Deshalb auch saß Lorna bei mir im Büro und hatte zwei große Kartons mit all den greifbaren Dingen vollgestopft, die sie an ihre Vergangenheit mit Andy erinnerten. Es fiel ihr zu schwer, loszulassen und den Verzicht allein zu bewältigen.

Und so fingen wir mit der *Überprüfung der Erinnerungsstücke* an, in der sie sich von allen Dingen trennte, die negative Gefühle in ihr erweckten, während sie all diejenigen behielt, mit denen sie positiv verbunden war. Sosehr sie auch Verzicht leisten und ihr Leben fortsetzen wollte, zögerte sie doch, diese Überprüfung vorzunehmen. Dies war nicht ungewöhnlich; ich hatte es auch bei anderen Menschen in einer Trennungskrise erlebt.

Warum Loslassen unumgänglich ist

Noch lange, nachdem eine Liebe beendet ist, spukt sie in den Gedanken herum und beeinflußt gegenwärtiges und zukünftiges Verhalten. Man lebt zwar tatsächlich nicht mehr in der Beziehung, ist aber in Gedanken immer noch verheiratet oder emotional gebunden. Deshalb ist es so wichtig, die vierte Phase, den Verzicht, zu vollenden. Solange dies nicht geschehen ist, sind Sie unfähig weiterzukommen, weil Sie nicht in der Lage sind loszulassen, und Sie können nicht in die Vergangenheit zurück, weil Ihr Partner nicht mehr interessiert ist. Ihr Leben steht still, bis Sie mit Ihrem Verlust fertig geworden sind.

Bevor die emotionale Energie nicht vom Partner abgezogen wird, kann man sich mit hundert verschiedenen Menschen verabreden, ohne auch nur an einem Gefallen zu finden, da man immer noch in Gedanken verheiratet oder anderweitig gebunden ist. So kann man sein Leben nicht fortsetzen. Wenn Sie während Ihrer Trennungskrise wissen wollen, wie lange Sie den Schmerz spüren werden, kann ich Ihnen sagen, er wird so lange anhalten, wie Sie die Beziehung in Ihren Gedanken aufrechterhalten. Es wird schwerfallen, loszulassen und sich emotional vom anderen zu lösen, aber es liegt ganz allein bei Ihnen selbst zu bestimmen, wann Sie den Schmerz nicht mehr fühlen wollen und den letzten Schritt des Abschieds tun.

Die Frage, ob Sie den früheren Partner als Freund betrachten oder nie wieder mit ihm sprechen sollen, wird schwierig zu lösen sein. Ich habe festgestellt, daß die meisten meiner Patienten, die während einer Scheidung oder Trennung in Kontakt mit dem Partner bleiben, offensichtlich mehr unter seelischem Schmerz zu leiden haben und es oft wesentlich schwieriger finden, loszulassen. Manchmal halten sie mehrere letzte Treffen für notwendig, bevor sie loslassen können. Die Wahl liegt bei Ihnen, aber denken Sie daran, daß es sehr wichtig ist, Ihre Gefühle einzuschätzen und sich zu überlegen, wie es Ihnen hinterher gehen mag, bevor Sie Kontakt mit dem früheren Partner aufnehmen.

Es gibt jedoch auch praktische Gesichtspunkte, die einen Kontakt unvermeidlich machen, wie z. B. eine Scheidung in gegenseitigem Einvernehmen, gemeinsame geschäftliche Interessen oder die gemeinsame Kindererziehung. Wenn diese Kontakte mit Ihrem früheren Partner sie zu sehr belasten oder Sie sich emotional zerrissen fühlen, legen Sie die Angelegenheit vollständig in die Hände Ihres Anwalts. Möglicherweise müssen Sie Ihre Geschäftsverbindung lösen, was dann besonders ratsam erscheint, wenn Ihr Partner sich Ihnen gegenüber grausam oder kränkend verhalten hat.

Leider haben nicht alle, für die es notwendig wäre, die Möglichkeit, alle Verbindungen abzubrechen, weil sie die Kinder gemeinsam erziehen. In dieser Situation ist es oft hilfreich, einen Freund oder eine Freundin zur Seite zu haben, die immer dann, wenn eine Begegnung mit dem früheren Partner ansteht – z. B. wenn er die Kinder abholt oder zurückbringt –, Unterstützung leisten können. Ist die Beziehung erst einmal aufgelöst, wird auch das unangenehme Gefühl, das man zu Anfang hatte, verschwinden.

Warum ein Abschied so schwer fällt

Man weiß zwar und ermahnt sich immer wieder: «Ich muß nur den anderen aus meinem Gedächtnis streichen», muß sich aber doch noch mit der Realität auseinandersetzen, einen bedeutenden Bestandteil seines Lebens zu verlieren. Je länger eine solche Beziehung gedauert hat, desto schwieriger fällt die Einsicht, daß sie zerbrochen ist. Das übliche Argument ist dann immer: «Ich habe so viel Zeit investiert – all die Jahre. Was nun? Lohnt es sich, wieder ganz von vorn anzufangen?» Ich kann mich an keinen Patienten in einer Trennungskrise nach einer dauerhaften Beziehung erinnern, der dies nicht gesagt hätte.

Am Ende einer langjährigen Beziehung steht nicht nur der Verlust des anderen, sondern der Verlust einer ganzen Geschichte. Und es steht zu erwarten, daß noch zahlreiche weitere Verluste zu erleiden sind: das soziale Umfeld, die Verwandten, oft das Zuhause, der Lebensstil, das Haustier und liebgewonnene materielle Dinge. Außer der Liebe geht ein ganz wesentlicher Bestandteil des Lebens verloren, der in diese Beziehung eingebettet war. All dies macht den endgültigen, notwendigen Abschied so schwer.

An diesem Punkt pflege ich meinen Patienten zu erklären: «Ja, ein Teil Ihres Lebens ist abgeschlossen. Und im Augenblick können Sie sich noch nicht vorstellen, je etwas Schöneres zu erleben. Aber mit der Zeit werden Sie feststellen, daß Sie etwas anderes aufbauen können, das genauso lohnend und bereichernd ist wie der Lebensabschnitt, der hinter Ihnen liegt.»

Lorna verglich die Überwindung der Verzichtphase mit dem Weg durch einen langen, dunklen Tunnel, angefüllt mit allem, was an die Liebesbeziehung erinnert: «Wenn man an all dem vorbei auf das Licht und das Ende des Tunnel zuschreitet, muß man im Gehen Abschied nehmen. Das

Herz tut weh, und man will weinen. Bei jeder Erinnerung will man anhalten und sie ein letztes Mal umarmen – jede Person und jeden Gegenstand. Aber man erkennt, daß man um so länger im Dunkeln steht, je länger man bei den Erinnerungen verweilt. Also muß man weitergehen, ohne anzuhalten; dann wird man sich schließlich von allem verabschiedet haben und wieder im Licht stehen. Dort angekommen, kann man wieder klar sehen. Dann kann man wieder einschätzen, was wahr und was eingebildet ist.» Diese Analogie paßt gut; Verzicht ist nicht ein Ziel, sondern ein lebensnotwendiger Schritt zur Überwindung des Schmerzes. Das Leben hört nicht auf, wenn man in der Dunkelheit Abschied nimmt; es fängt im Licht wieder an.

Ich möchte Lornas Analogie noch mit dem folgenden Bild ergänzen: Wenn Sie durch diesen unbekannten, dunklen Tunnel gehen, ist es völlig normal, daß Sie auf dem Weg stolpern. In diesem Fall kommt es nur darauf an, daß Sie aufstehen und weiter vorangehen. Auch wenn Sie Angst haben, treiben Sie sich vorwärts. Und nehmen Sie auf diesem Weg all die Dinge mit, an denen Sie Freude haben und die Ihr Leben auch in Zukunft bereichern werden, wenn Sie die Phase der Reorganisation erreichen.

Der endgültige Abschied

Weil der Abschied, das Loslassen einer bedeutsamen Liebesbeziehung so schwer fällt, habe ich eine aktive Therapie entwickelt, in der der Verzicht tatsächlich ausgelebt wird. Sie hat sich als sehr wirksam erwiesen, wenn es darum ging, meinen Patienten die Überwindung dieser letzten Hürde in ihrer Trennungskrise zu erleichtern. Diese Therapie besteht aus drei Teilen: der persönlichen Einschätzung, der Auseinandersetzung mit dem, was in der Beziehung falsch lief und warum sie enden mußte, und der Überprüfung der Erinnerungsstücke.

Zunächst ist es wichtig, eine *persönliche Einschätzung* dessen abzugeben, was man in dem Partner gesehen hat; was so anziehend war, daß man sich mit ihm eingelassen hat, und welches die positiven und negativen Aspekte dieser Beziehung waren. Dabei wird man einsehen, daß man sich diesen Partner selbst ausgesucht hat. Dieser Prozeß wird auch dazu beitragen, Überreste von Schönfärberei zu beseitigen; man wird weder den Partner noch die Beziehung durch die rosarote Brille betrachten.

Sie können von dieser persönlichen Einschätzung entweder ein Tonband anfertigen oder sie niederschreiben. Machen Sie das, wovon Sie glauben, den meisten Nutzen daraus ziehen zu können. Einige meiner Patienten haben beides getan. Welche Methode Sie auch anwenden, beginnen und beenden Sie Ihre persönliche Einschätzung auf jeden Fall mit folgenden Sätzen: «Die Beziehung ist vorbei. X ist nicht länger ein Teil meines Lebens. Je eher ich mich von ihm/ihr löse, desto glücklicher werde ich.»

Lorna hatte seit Beginn ihrer Trennungskrise ein Tagebuch geführt, also wählte sie die schriftliche Form für ihre persönliche Einschätzung: «Die Beziehung ist vorbei. Andy gehört nicht mehr zu meinem Leben. Je eher ich mich von ihm löse, desto glücklicher werde ich. Ich fühlte mich zu Andy schon hingezogen, als ich ihn zum ersten Mal bei einem Fußballspiel in der Schule beobachtete. Er war ein wunderbarer Sportler – so stark und doch so graziös. Und bei unseren Verabredungen tat er immer genau das Richtige. Er war der perfekte Liebhaber. Er überschüttete mich mit Blumen und bedrängte mich nie. Er war ein echter Gentleman. Als er nach Korea ging und Offizier wurde, wußte ich, daß ich ihn heiraten würde, wenn er lebend zurückkam.

Andy arbeitete hart und brachte sich immer ein Stück weiter, so daß wir uns immer ein wenig mehr leisten konnten. Wir waren eines der ersten Paare in unserem Wohnblock, die zwei Autos hatten, und ich kann mich noch gut daran erinnern, wie stolz er war, als wir unser erstes Haus bezogen. Wir verbrachten wunderbare Ferien miteinander, denn er liebte Abenteuer. Allerdings war er leicht reizbar und brachte nicht viel Geduld auf, wenn es um die Kinder ging. Es ist mir peinlich, das zu schreiben, aber sexuell hat er mich nie wirklich befriedigt. Ich dachte immer, er macht sich nicht viel aus Sex; deshalb war ich auch so schockiert – und bin es eigentlich noch –, daß er mich wegen einer Freundin verlassen hat. Als er es mir sagte, dachte ich, dieses Verhältnis sei noch ganz frisch. Heute weiß ich, daß er seine Freundin schon zwei Jahre hatte, bevor er mich verließ. Der Mann, den ich geheiratet habe, ist nun ein Fremder für mich. Diese Beziehung ist aus und vorbei. Andy gehört nicht mehr zu meinem Leben. Je eher ich von ihm loskomme, desto glücklicher werde ich.»

Der zweite wichtige Teil dieser Therapie besteht darin, sich damit auseinanderzusetzen, was in der Beziehung falsch lief und warum sie endete. Die persönliche Einschätzung wird bei diesem Prozeß eine wertvolle Hilfe sein. Nachdem ich Lornas Einschätzung gelesen hatte, fragte ich sie, welchen Schluß sie daraus ziehen würde.

Ihre Antwort lautete: «Der Mann, der mich wegen einer anderen Frau verließ, war nicht der, den ich geheiratet habe. Ich glaube nicht, daß ich mir die Schuld geben muß, in der Ehe versagt zu haben. Er hat sich verändert, ich habe mich verändert, und diese Veränderungen liefen in verschiedenen Richtungen.»

Dann stellte ich die Schlüsselfrage, die ihr schließlich dazu verhelfen würde, Frieden mit sich selbst zu schließen und alle Schuld, die sie verspürte, loszulassen: «Wenn überhaupt, welche Verantwortung übernehmen Sie dafür, daß die Beziehung endete?»

Lorna sah mich nicht an, als sie antwortete: «Na ja, ich habe mich durch die Kinder und alles, was sie betraf, ziemlich auffressen lassen. Es gab oft Zeiten, zu denen Andy seine Frustrationen loswerden oder einfach über Dinge an seinem Arbeitsplatz reden mußte. Ich war nie eine gute Zuhörerin; ich war so sehr damit beschäftigt, den Bedürfnissen der Kinder gerecht zu werden, daß ich keine Zeit hatte, Andy zuzuhören . . . Meine äußere Erscheinung habe ich auch vernachlässigt. Heute weiß ich, wie wichtig es ist, immer so gut wie möglich auszusehen. Es zeigt dem Partner, daß man nicht nur ihn, sondern auch sich selbst wichtig nimmt.»

Viele meiner männlichen Patienten beklagen sich darüber, daß ihre Frauen, sobald Kinder da waren, nicht mehr an ihrer Beziehung arbeiteten und daß sie sich manchmal einfach vernachlässigt fühlten. Hier hatte Lorna einen Fehler gemacht. Daher war sie der Meinung, daß auch sie einen Teil der Verantwortung für Andys Untreue übernehmen mußte.

All diese Erkenntnisse brachten Lorna dem eigentlichen Loslassen näher. Sie konnte schließlich aus der Beziehung heraustreten, sie objektiv betrachten und sogar aus ihrem Schmerz lernen. Sie dachte nicht länger in Kategorien des «Versagens», sondern an «Unterschiede». Andys Bedürfnisse waren andere, und sie konnten in der Konstellation der Beziehung nicht erfüllt werden. Darum verließ er sie.

Hat der Partner Sie verlassen und gesagt: «Ich liebe dich nicht mehr», so meinte er eigentlich: «Meine Bedürfnisse sind andere geworden, und was du mir zu bieten hast, mag ich nicht mehr.» Sie müssen sich deshalb nicht des Versagens oder der Unfähigkeit bezichtigen. Der andere Partner mußte jemanden finden, der seinen Bedürfnissen besser entsprach; erkennen Sie nun, daß es Ihnen genauso geht. Mit Erreichen der letzten Phase der Loslösung werden Sie Ihre wahren Bedürfnisse kennen und sich bewußt sein, wie eine Beziehung aussehen muß, um Sie glücklich zu machen. Viele meiner Patienten haben nach ihrer Trennungskrise schließlich jemanden gefunden, der besser zu ihnen paßt, und sind heute viel glücklicher in ihrer neuen Beziehung, als sie es jemals in der vergangenen waren. Aus einer Trennungskrise geht man oft mit größerer Erfahrung in Liebesdingen hervor.

Hat man die Verantwortung für den eigenen Beitrag zum Ende der Beziehung übernommen, muß man sich endlich von der Last befreien, perfekt sein zu wollen. Mit dem Mangel an Perfektion, einer Eigenschaft, die allen Menschen zu eigen ist, schlagen wir uns immer wieder herum. Warum erlauben wir uns nicht, Fehler zu begehen und zu erkennen, daß wir durch sie nur wachsen können? Hat man objektiv seine Bedürfnisse und das Recht, sie zu befriedigen, erkannt und seine Verantwortung für das Geschehene übernommen, kann man zur Phase der Reorganisation in der Trennungskrise übergehen.

Die Überprüfung der Erinnerungsstücke

Nachdem sie ihre persönliche Einschätzung abgegeben und sich damit auseinandergesetzt hatte, was in der Beziehung falsch gelaufen und warum sie enden mußte, war es an der Zeit für Lorna, die Erinnerungsstücke zu überprüfen. Sie packte Schnappschüsse, Ansichtskarten, Schmuck, einige Kleidungsstücke aus, sah mich gequält an und fragte: «Warum muß ich das alles durchmachen?»

«Ich weiß, daß es schmerzhaft ist, aber es ist ein notwendiger Schritt, um mit Ihrem Liebesverlust fertig zu werden.

All diese Dinge gehörten zu einer Beziehung, die ein wichtiger Bestandteil Ihres Lebens war; sie sind Teil Ihrer persönlichen Geschichte. Indem Sie sich bei jedem Gegenstand über Ihre positiven oder negativen Gefühle klarwerden, müssen Sie sich mit Ihrem persönlichen Schmerz auseinandersetzen und werden ihn nicht mehr so sehr fürchten. Diese Überprüfung ermöglicht Ihnen auch, Ihre Energie für immer vom früheren Partner abzuwenden, indem Sie sich von einigen Dingen trennen, die Sie gedanklich noch zu ihm zurückziehen. Jedes Teil, das negative Gefühle hervorruft, sollten Sie abgeben oder wegwerfen. Wichtig ist auch, daß Sie jede unrealistische romantische Vorstellung, die an einem Gegenstand hängt, klar erkennen. Diese Illusionen könnten Sie davon abhalten, die Beziehung loszulassen.»

Bevor Lorna jedes Teil überprüfte, das sie auf meinen Schreibtisch gelegt hatte, erinnerte ich sie an die erste Zeit ihrer Trennungskrise; ich erinnerte sie daran, wie weit sie schon gekommen war. «Erinnern Sie sich, wie Sie Andy ausspioniert haben, wie Sie von der Telefonzelle auf der anderen Straßenseite aus beobachtet haben, wann er das Apartmenthaus seiner Freundin betrat?»

Erschrocken blickte sie mich an. «Mein Gott! Ich war ja so besessen! Ich habe doch wirklich ein paar Dummheiten gemacht. Und dann mein vorgetäuschter Selbstmord! Ich habe alles versucht, seine Aufmerksamkeit zu erlangen. Welche Zeitverschwendung!»

«Dies war vielleicht die schlimmste Erfahrung in Ihrem Leben, Lorna, aber ein Blick in den Spiegel wird Ihnen zeigen, wie gut Sie das alles überstanden haben und wie Sie an Ihrem Schmerz gewachsen sind. Sie sind so weit fortgeschritten, daß Sie jetzt den letzten Rest auch loslassen können. Wenn Sie dies tun, lassen Sie auch all das Mißtrauen los, das Sie einmal verspürt haben, die Angst, nicht zu wissen, wo Andy sich aufhielt, und die Gefühle, betrogen zu werden.»

«Ich weiß», sagte sie. «Sie haben recht – fangen wir also an. Gut. Der Schmuck muß weg. Andy hat mir immer ein Schmuckstück zum Hochzeitstag geschenkt. Das ist jetzt nicht mehr von Bedeutung.»

«Vielleicht mag Ihre Tochter ihn an sich nehmen.»

«Das ist eine Idee. Wenn sie ihn aber nicht will, werde ich ihn verkaufen, außer dem hier . . .» Lorna hielt ein goldenes Armband mit zwei kleinen Anhängern in der Hand. Ich sah, wie Tränen in ihren Augen standen. Sie räusperte sich und fuhr fort: «Ach, er schenkte es mir, als Tracy geboren wurde, und fügte den zweiten Anhänger hinzu, als Jimmy zur Welt kam. Das werde ich behalten und vielleicht sogar tragen, weil dieser Ehe zwei wundervolle Kinder entstammen.»

Auch bei der Überprüfung der anderen Sachen gab es Tränen, als sie sich darüber klar wurde, was jedes Teil für sie bedeutete. Aber da war auch Akzeptanz. Letzten Endes beschloß sie, daß alle Dinge, die sie mitgebracht hatte, verschwinden mußten – außer einem Familienporträt und dem Armband; dies waren die einzigen Dinge, denen sie sich wirklich positiv verbunden fühlte. Die Kleider würde sie der Wohlfahrt geben, den Schmuck würde ihre Tochter bekommen oder sie würde ihn verkaufen, die Fotos, Ansichtskarten und die anderen Erinnerungsstücke warf sie in meinen Papierkorb. «Auf diese Art und Weise werde ich nicht versucht sein, sie wieder hervorzuholen!»

Die Überprüfung der Erinnerungsstücke ist zwar äußerst effektiv bei der Überwindung der Verzichtphase, da sie hilft, Gefühle zu erkennen, so daß man loslassen kann; sie kann aber auch sehr schmerzhaft sein. Ziel dieser Überprüfung sollte es sein, Dinge, die man jetzt als positive Teile der eigenen Geschichte sieht, in das neue Leben zu integrieren und die Beziehung selbst aus den Gedanken zu streichen. Ein Patient sagte mir, daß er während dieser Überprüfung denselben Kummer und dieselbe Sehnsucht gespürt habe wie damals, als er nach dem Tod seiner Mutter deren Habseligkeiten zusammenpackte.

Vielleicht brauchen Sie für diese Überprüfung Unterstützung durch einen Freund, ein Familienmitglied, einen Seelsorger oder einen Therapeuten. Auch der Zeitpunkt ist wichtig: Es ist normal, diesem endgültigen Abschied aus dem Weg zu gehen; zwingen Sie sich nicht dazu, bevor Sie nicht wirklich glauben, damit fertig werden zu können. Wenn Sie im Zweifel sind, ob Sie etwas verkaufen, abgeben oder wegwerfen sollen, bitten Sie einen Freund, es für Sie aufzuheben, bis Sie sicher sind. Oder geben Sie es in ein Schließfach oder einen Tresor. Es geht darum, daß diese Dinge Ihnen nicht mehr täglich vor Augen stehen. Eine Patientin hatte einmal eine wertvolle orientalische Vase verkauft, nur um ein Jahr später zu erfahren, daß sie viel mehr wert war, als sie dafür erhalten hatte.

Wollen Sie diese Überprüfung allein vornehmen, wählen Sie dazu einen Tag, an dem es Ihnen gutgeht und Sie mit dem Kurs, den Ihr Leben genommen hat, zufrieden sind. Es ist entschieden einfacher, die Emotionen, die Sie an die Vergangenheit binden, loszulassen, wenn Sie an die Zukunft glauben. Es wird Ihnen auch helfen, wenn Sie sich nach der Überprüfung eine aufmunternde und positive Tätigkeit vornehmen: ein Essen mit guten Freunden, einen lustigen Film, eine Massage oder einen Einkaufsbummel. Das wird Sie darin bestätigen, daß Ihr Leben in einer positiven Richtung verläuft, daß Sie endlich mit dem «Was-war» und dem «Was-ist» der beendeten Beziehung zurechtkommen. Mit dieser Überprüfung unternehmen Sie einen großen Schritt in Ihre Zukunft.

Lorna hatte zwei wunderbare Kinder, die auf jeden Fall

Teil ihres Lebens bleiben würden. Sie hatte ein hübsches Haus, das sie liebte und in dem sie sich sehr sicher fühlte, wobei es keine Rolle spielte, ob Andy mit ihr darin lebte oder nicht.

Im folgenden möchte ich aufzeigen, wie einige der anderen Patienten, über die ich bereits geschrieben habe, ihre Überprüfung der Erinnerungsstücke bewältigt haben:

Earlene gab alle Platten weg, zu denen Ed und sie immer getanzt hatten.

Nancy warf die hübsche Reizwäsche fort, die Gene ihr geschenkt hatte, und ersetzte sie durch ebenso hübsche Wäsche in einer anderen Farbe.

Lloyd verkaufte das Sommerhaus, in dem er mit Liz gelebt hatte, und kaufte sich eine kleine Fischerhütte in Maine, was er schon immer vorgehabt hatte.

Die beste Freundin mußte ihr beistehen, als Lindsey die Postkarten, Streichholzmäppchen, Kinokarten verbrannte, die sie während ihrer Romanze mit Victor gesammelt hatte.

Palmer gab die teure Bettwäsche mit dem besonderen Design seiner Haushälterin. «Nachdem ich andere Bettwäsche benutzte, konnte ich abends im Bett lesen, ohne ständig durch Gedanken an Robin abgelenkt zu werden.»

Und Seth, dessen Frau Alison ihren Wunsch nach einer Scheidung verkündete, während sie mit ihrem Freund Bert zu Abend aßen, beschloß, nachdem er die Überprüfung der Erinnerungsstücke hinter sich hatte, seinen Wagen in Zahlung zu geben und einen neuen zu kaufen; denn jedesmal, wenn er auf den Beifahrersitz blickte, tauchte für einen kurzen Moment Alison vor seinen Augen auf. «Es war, als ob ich einen Geist gesehen hätte!»

Seth zog folgenden Schluß, nachdem er die Verzichtphase beendet hatte und zur Reorganisationsphase übergehen konnte: «Das ist die Realität für mich: Ich kann weiterhin unglücklich bleiben oder einsehen, daß alles ein Ende gefunden hat. Das heißt, ich muß alle Gedanken an meine frühere Frau loslassen. Ich bin jetzt frei und bereit, von vorn anzufangen. Ich bin auf mich allein gestellt. Was ich in meinem Leben haben werde, ist das, was ich für mich selbst schaffe. Wenn ich auch nur einen Tag noch unglücklich bin, so habe ich meinen Verlust dadurch vergrößert, daß ich das Heute aufgegeben habe.»

7 Eigentherapie und Selbstheilung

Der Erfolg einer jeden Therapie hängt vom Vertrauensverhältnis zwischen Arzt und Patienten ab; der Arzt vertraut dem Patienten, daß er sich auf den langen Weg zu seiner Heilung begeben will, und der Patient vertraut dem Arzt, daß er ihm tatsächlich helfen kann. Bis jetzt habe ich in diesem Buch versucht, Ihnen zu einem besseren Verständnis Ihrer Gefühle und der Ursachen zu verhelfen. Ab jetzt müssen Sie Ihre Fähigkeiten zur Eigentherapie und Selbstheilung heranziehen.

Die persönliche Erfahrung, die Sie bisher hinzugewonnen haben und die auch noch anwachsen wird, resultiert aus der aktiven Rolle, die Sie in Ihrem Heilungsprozeß übernommen haben. Betrachten Sie sich als Ihren eigenen Therapeuten, als Ihren Spezialisten in Sachen Trennung, wenn Sie nun die letzten Phasen Ihrer Trennungskrise überwinden. Schließlich werden Sie ja gesund, weil Sie Ihre Gefühle unter Kontrolle gebracht haben, wobei Ihr Wunsch, daß es Ihnen bessergeht, sowie der Faktor Zeit Ihnen geholfen haben. Wenn Sie Ihre Gefühle im Griff haben, können Sie Ihr Leben besser meistern.

In dem schwierigen vierten Stadium des Verzichts oder des Abschieds lassen Sie die Beziehung psychisch los, so daß Sie frei sind, Ihr Leben zu reorganisieren. Um diese Reorganisation fortzusetzen zu können, müssen Sie Ihren Mut und Ihre Selbstachtung stärken.

Emotionale Überlebenstechniken

Im Verlauf des Buches wurden die emotionalen Überlebenstechniken durch verschiedene Übungen und Therapien erweitert, um die frühen, kritischen Phasen der Trennungskrise zu überwinden. Diese Übungen und Therapien sind Werkzeuge, die auch weiterhin angewendet werden können, sobald eine emotional schwierige Zeit anbricht. Sie sollten sie immer dann benutzen, wenn Sie glauben zu pendeln oder während der Trennungskrise eine Rückblende erleben. (Auch in den letzten beiden Phasen der Reorganisation und der Loslösung werden Sie diese Rückfälle haben.)

Im folgenden werde ich kurz die wertvollsten Übungen beschreiben, die die Überwindung der letzten Phasen der Trennungskrise erleichtern:

Selbstkontrolle

Wenn Sie täglich eine Einschätzung Ihres Verhaltens und Ihres Tuns unternehmen, erhalten Sie durch die Selbstkontrolle die Möglichkeit, neben sich zu treten und zu beobachten, was vor sich geht. Selbstbewußtsein und Selbstkenntnis fördern die persönliche Entwicklung, vor allem während einer Trennungskrise. Seien Sie ganz ehrlich sich selbst gegenüber, dann wird die Selbstkontrolle Sie von allen destruktiven Gewohnheiten oder Verhaltensmustern abhalten, die aufkommen wollen – vor allem von übermäßigem Rauchen, Essen oder Trinken. Diese Übung soll nicht dazu führen, daß Sie nur schlecht über sich denken. Sie soll dazu dienen, daß Sie an den eigenen Fehlern wachsen und die Trennungskrise mit dem geringsten Schmerzaufwand überwinden. Die Selbstkontrolle können Sie mit Hilfe eines

Tonbandes durchführen, auf das Sie Ihre Gefühle sprechen, mit einem Tagebuch oder einfach mit einer List, in die Sie die täglichen Unternehmungen eintragen mit dem Vermerk, wie Sie sich dabei fühlten. Oder Sie nehmen sich zweimal am Tag zehn Minuten Zeit, um einen inneren Dialog zu führen über das, was Sie tun, wie Sie sich dabei fühlen und ob Sie glauben, Fortschritte zu machen. Dadurch erhalten Sie einen Überblick, wie Sie die Trennungskrise überwinden.

Gedankenblockade

Immer wenn Sie an den früheren Partner denken wollen oder feststellen, daß Sie in Selbstmitleid versinken, sagen Sie sich sofort: «Halt!» Dann wenden Sie Ihre Gedanken einem ähnlich zwingenden Thema zu oder lassen sich von einer Tätigkeit in Anspruch nehmen, die Sie von den Gedanken über sich selbst ablenkt (siehe unten). Je öfter diese Übung ausgeführt wird, desto effektiver wirkt sie.

Zwingende Ablenkungen

Jede konstruktive Tätigkeit oder alle Interessen, in die Sie Ihre Energie stecken können – dieselbe Energie, die Sie bisher in Ihre Liebesbeziehung investiert haben –, können wirksame Ablenkungen sein. Diese Ablenkungen sind so etwas wie Stoßdämpfer in einer Trennungskrise, mit dem Vorteil, daß Sie am Ende Ihrer Trennungskrise möglicherweise eine neue Fähigkeit erworben, eine neue Sportart erlernt, eine bessere Arbeitsstelle gefunden oder Ihr äußeres Erscheinungsbild verbessert haben.

Entspannungstechniken

Lernen Sie, Streßsituationen, Panik und Angst zu überwinden, ohne dabei von Suchtmitteln abhängig zu werden. Meine Patienten bevorzugten folgende Wege: körperliches Training, ausgiebige, heiße Bäder bei leichter Musik, Massage, Tanz, Atemtechniken, Malen, Kinobesuche, Spielen eines Instruments, Sticken und andere handwerkliche Tätigkeiten.

Positive Suggestion

Die ständige Wiederholung verschiedener festgelegter Sätze – wie z. B. «Meine Trennungskrise geht vorüber», «Ich werde jeden Tag stärker», «Ich habe mich unter Kontrolle»– läßt deren Bestärkungen in Ihr Unterbewußtsein dringen. Am Ende wird es diese Behauptungen unterstützen und Ihre negativen Gedanken umkehren. Immer wenn Sie denken wollen: «Ich bin ja so unglücklich», ersetzen Sie es durch: «Ich werde jeden Tag stärker.»

Ermahnungen

Kleine Zettelchen an entscheidenden Stellen abgelegt, sind auch sehr hilfreich. Ein «Halt! Nicht anrufen!» neben jedem Telefon wird Ihnen helfen, sich zu beherrschen, wenn Sie versucht sind, den Hörer abzunehmen, um Ihren früheren Partner anzurufen. Vergessen Sie nicht die Liste der positiven Aspekte Ihres Lebens, die am Badezimmerspiegel hängt und die Sie sich immer dann laut vorlesen, wenn Sie sich im Spiegel betrachten, so daß Sie sich ins Gedächtnis zurückrufen können, wie viele Dinge doch für Sie arbeiten.

Ihr Notruf

Schaffen Sie sich ein persönliches Hilferufnetz mit Freunden und Familienmitgliedern, die einverstanden sind, daß Sie sie anrufen, wenn Sie versucht sind, Ihren früheren Partner telefonisch zu erreichen, oder wenn Sie völlig am Ende und einsam sind. Erwägen Sie auch, geistliche oder andere Organisationen um zusätzliche emotionale Unterstützung anzugehen.

Im Zweifelsfall Hilfe aufsuchen

Wenn Sie glauben, die Kontrolle über sich verloren zu haben, und befürchten müssen, daß Sie aus lauter Verzweiflung etwas Selbstzerstörerisches tun könnten, suchen Sie sofort Hilfe. Suchen Sie einen Arzt auf, oder bitten Sie einen guten Freund oder Arzt, Sie an einen Berater oder Therapeuten zu überweisen. Wenden Sie sich ans Gesundheitsamt oder an eine der vielen Selbsthilfegruppen, sobald Sie feststellen, daß Sie in selbstzerstörerischer Art und Weise zu Drogen, Alkohol oder Lebensmitteln greifen.

Die Rolle von Familie und Freunden

Familie und Freunde sind eine wertvolle Quelle emotionaler Unterstützung während einer Trennungskrise. Geben Sie aber acht, daß Sie das Mitleid und Verständnis dieser Menschen nicht mißbrauchen. Versichern Sie sich immer wieder, ob es für Ihre Familie und Ihre Freunde in Ordnung ist, wenn Sie jederzeit dort anrufen, und seien Sie dankbar für diese Hilfe. Erweisen Sie sich ihnen gegenüber großzügig, daß sie sich so bereitwillig zur Verfügung gestellt haben. Ich erinnere Sie daran, weil es während der Trennungskrise nicht selten vorkommt, daß man so in den eigenen Problemen versinkt und emotional so viel braucht, daß man vergißt, wie wichtig es doch auch ist, zurückzugehen. Laden Sie Ihren besten Freund, Ihre beste Freundin oder ein Familienmitglied zu einem Kinoabend oder einem Abendessen ein. Geben Sie sich Mühe, von Ihren eigenen Problemen Abstand zu nehmen und sich zu fragen: «Was kann ich für sie oder ihn tun?»

Eine Gefahr in der Trennungskrise besteht darin, daß es die anderen sehr bald ermüdet, wenn Sie dieselben Situationen und Ereignisse immer wieder durchdiskutieren wollen. Ganz in Ihrem Schmerz verfangen, bemerken Sie vielleicht nicht einmal, daß Sie all diese Geschichten schon viele Male erzählt haben. Mit dieser Überstrapazierung entfremden Sie sich die einzigen Menschen, von denen Sie emotionale Unterstützung erwarten konnten. Es kann sein, daß sie sich sogar vor Ihren Anrufen zu fürchten beginnen.

Wie aber sollen Sie wissen, wann es genug ist? Gehen Sie nach dem Prinzip des Dreierrhythmus, wie ich es nenne, vor. Das heißt, wenn Sie das Thema oder die Geschichte mit einem Menschen schon dreimal erörtert haben, bringen Sie es nicht mehr auf den Tisch, oder fragen Sie, ob Ihr Freund oder Ihre Freundin es noch einmal mit Ihnen durchsprechen möchte. Bitten Sie aber um eine ehrliche Antwort, und seien Sie nicht verletzt, wenn er oder sie vorschlägt, statt dessen lieber ins Kino zu gehen oder einen gemeinsamen Einkaufsbummel zu machen. Wenn Sie dann zusammen ausgehen, sprechen Sie nicht über Ihr Unglück. Es fällt immer leichter, über den eigenen Schmerz zu reden, also nehmen Sie sich vor, über Dinge zu sprechen, die Ihren Freund oder Ihre Freundin beschäftigen und interessieren. Damit wird Ihre Freundschaft vertieft, und Sie werden vom Grübeln abgelenkt, das so vielleicht sogar ein Ende nimmt.

Wenn Sie über ein bestimmtes Gefühl oder Problem intensiver diskutieren müssen, suchen Sie einen Berater, Therapeuten oder Seelsorger auf – auf jeden Fall jemanden, dessen Aufgabe es ist, zuzuhören und zu beraten. Machen Sie sich bewußt, daß jeder Freund oder jede Freundin und jeder Verwandte, auch wenn sie noch so viel Mitgefühl aufbringen, irgendwann einmal von Ihren Problemen genug haben.

Herstellung eines eigenen Trennungskrisen-Tonbandes

Bei meiner Arbeit als Psychotherapeut hat mich besonders die Rolle der von Psychologen so genannten «Selbstanweisung» beeindruckt, die einen Menschen dazu veranlaßt, sich zu Verhaltensweisen zu motivieren oder bestimmte Verhaltensweisen zu ändern. «Selbstanweisung» heißt, sich bestimmte Vorsätze oder Schlüsselsätze immer wieder anzuhören oder sich ihnen anderweitig auszusetzen. Sind diese Vorsätze und Schlüsselsätze auf den Zuhörer abgestimmt, beeinflussen sie sowohl sein Bewußtsein als auch sein Unterbewußtsein.

Diese Strategie wird schon seit langem in der Werbung benutzt, um zum Kauf bestimmter Produkte anzuregen. Man erinnert sich nicht daran, wann man die Werbung zuletzt gesehen hat, wohl aber z. B. an den begleitenden Spruch.

Die Selbstanweisung kann als eine Art Gehirnwäsche positiv dazu genutzt werden, die Trennungskrise zu erleichtern. Man bespricht ein Tonband, das man sich immer dann anhört, wenn es nötig erscheint.

Ich habe bei all meinen Patienten dafür gesorgt, daß sie sich ein Tonband über den Verlauf der zu Ende gegangenen

Beziehung bespielten: Was gut daran war, wann und warum sich etwas änderte, warum sie zerbrach und wieso es von Vorteil war, daß sie zerbrach. Ein solches Tonband kann eine Hilfe sein zum Verständnis des Unterschieds zwischen dem, was war, und dem, was jetzt ist. Wenn die Beziehung für Sie etwas Selbstzerstörerisches hatte und Sie feststellen, daß Sie sich an ihr festklammern, hören Sie auf jeden Fall regelmäßig Ihr Tonband ab, um sich daran zu erinnern, daß diese Beziehung aus den verschiedensten Gründen schlecht für Sie war. Sollte das Band langweilig für Sie werden, besprechen Sie ein neues mit einer anderen Version desselben Themas.

Sobald Sie versucht sind, Ihren früheren Partner anzurufen, oder irgend etwas unternehmen wollen, das Sie in die Beziehung zurückzieht, schalten Sie das Tonband an. Hören Sie darauf, wenn Sie von Selbstzweifeln gequält sind. Stecken Sie das Band in Ihren Walkman, und hören Sie es während des Trainings ab. Akustische Stimuli sind äußerst wirkungsvoll. Und die eigene Stimme, die immer wieder die Wahrheit ausspricht, übt mehr Druck aus und hilft, sich unter Kontrolle zu halten.

Wir alle haben eine Art «geistiges Tonband» in uns, auf dem Teile und Stücke all unserer Erfahrungen bis zum gegenwärtigen Zeitpunkt aufgezeichnet sind. Der Grund für das Verharren in einer der Phasen einer Trennungskrise liegt oft darin, daß dieses geistige Tonband eine Illusion abspielt, an die man gern glauben möchte: «X liebt mich immer noch. Ich liebe X noch. Die Beziehung wird wiederhergestellt, und wir werden gemeinsam weiterleben...»

Wenn Sie feststellen, daß Ihre Psyche dieses Phantasie-Tonband abspielt und Sie permanent mit einer Botschaft programmiert, die wenig produktiv ist, stellen Sie sich ein echtes Tonband her mit der richtigen Botschaft, die damit anfängt: «Es ist aus und vorbei, weil...»

Die Bedeutung der Trennungskrisen-Tonbänder kann nicht oft genug hervorgehoben werden. Hunderte meiner Patienten haben ein solches Tonband für sich angefertigt, und alle haben die Erfahrung gemacht, daß die Herstellung und das permanente Abhören dieser Bänder ihnen wenigstens half, sich unter Kontrolle zu halten, wenn sie versucht waren, etwas zu tun, das ihnen am Ende nur mehr Schmerz bereitet hätte. Von anderen weiß ich, daß ihre Bänder ihnen ein besseres Gefühl dafür vermittelten, was geschehen war und warum die Beziehung zerbrach, indem versteckte Botschaften zutage traten, nachdem das Band mehrere Male abgehört worden war. Vielleicht haben sie lediglich ihre eigentlichen Aussagen neu interpretiert; in jedem Fall sind diese Bänder jedoch sehr von Nutzen.

Angstzustände überwinden

Angstzustände sind häufige und ernstzunehmende Erscheinungen während einer Trennungskrise, die ganz unterschiedlich auftreten und verschiedene zwanghafte Verhaltensweisen nach sich ziehen. Man ist so entnervt, daß man sich in Exzesse flüchtet, nur um nicht noch einen Augenblick länger Angst zu verspüren. Plötzlich beginnt man übermäßig zu trinken, Drogen zu nehmen, zu essen oder sogar zu spielen – kurz, Dinge zu tun, die von der Angst ablenken, die ihrerseits der Einsamkeit und Verletztheit entspringt.

Zwei verschiedene Entspannungstechniken können angewandt werden, um mit diesen Angstzuständen fertig zu werden. Die erste ist die Modifizierung einer der wirksamsten Entspannungsmethoden, die ich kenne; sie wird die Jacobson-Entspannungsmethode genannt. (Dr. Jacobson war ein weltberühmter Kardiologe, der diese Methode entwickelte,

um seine Herz-Patienten und auch andere bei der Bewältigung von Streßsituationen zu unterstützen.)

Legen Sie den Telefonhörer neben die Gabel, so daß Sie
nicht gestört werden. Setzen Sie sich in einen bequemen
Sessel, oder legen Sie sich aufs Bett. Schließen Sie die Augen. Lauschen Sie dem sanften Rhythmus Ihres Atmens –
ein und aus. Bei jedem Ausatmen wiederholen Sie für sich:
«Ruhig und entspannt.»

Nachdem Sie sich eine oder zwei Minuten auf diese Weise
entspannt haben, atmen Sie – immer noch mit geschlossenen Augen – so tief ein, wie Sie können, und halten die Luft
ungefähr dreißig Sekunden an. Wenn es beginnt zu schmerzen, atmen Sie aus.

Atmen Sie noch einmal tief ein. Während des Einatmens
und Haltens fühlen Sie all den Schmerz, die Einsamkeit oder
Depression, die Wut über sich selbst oder den anderen
Partner. Fühlen Sie das alles, und leben Sie es in dem
Moment aus. Wenn Sie fertig sind, lassen Sie alles mit einem
heftigen Ausatmen aus sich heraus.

Dann konzentrieren Sie sich für einige Augenblicke auf
langsames und tiefes Durchatmen, bevor Sie mit dem zweiten Teil der Übung beginnen, dem Anspannen der gesamten
Muskulatur. Dabei werden Sie alle Anspannung, die sich
angesammelt hat, aus sich herauszwingen. Das plötzliche
Loslassen nach dem Anspannen der Muskulatur wird auch
Ihre innere Anspannung lösen.

Atmen Sie weiter mit geschlossenen Augen langsam und
tief durch, und fangen Sie an, Ihre Muskeln ganz allmählich
anzuspannen: zuerst die Füße und dann nach und nach den
ganzen Körper, die Waden, die Oberschenkel, den Bauch,
die Brust, den Nacken, das Gesicht, die Augenpartie, die
Arme, die Hände. Und ballen Sie Ihre Fäuste. Wenn der
ganze Körper angespannt ist, fühlen Sie sich wie ein Stück
Holz. Halten Sie die Spannung so lange, bis es schmerzt.

Leiden Sie unter seelischem Schmerz, Depressionen, Traurigkeit oder Wut – dann müssen Sie sie jetzt loslassen.

Beim Herauslassen all dieser Emotionen aus Ihrem Körper stellen Sie sich vor, Ihre Beine seien ganz schlaff, wie zwei Stricke. Spüren Sie, wie die Muskeln in Ihrem Bauch und in der Brust ebenfalls abschlaffen. Fühlen Sie, wie die Arme und Hände schlapp werden. Nun lassen Sie die Kinnmuskulatur hängen, so daß die Zähne sich nicht mehr berühren. Die Augenpartien entspannen sich, so daß die Augenlider schwer über Ihren Augen liegen. Atmen Sie langsam und tief durch.

Mit jedem leichten, tiefen Atemzug fühlen Sie, wie Sie sich mehr und mehr entspannen. Es tut so gut, auszuruhen. Und jetzt, langsam und tief durchatmend, sind Sie glücklich und lächeln. Sie lachen wieder. Sie haben Frieden geschlossen.

Während dieser Übung kommt es Ihnen vor, als fließe Ihr Körper. Oder Sie fühlen, daß Ihr Körper in das Bett oder in den Sessel hineinschmilzt. Sie fühlen sich ruhig und entspannt, wenn Sie auf den sanften Rhythmus Ihres Atmens lauschen.

Verweilen Sie ungefähr fünf Minuten in diesem entspannten Zustand. Betrachten Sie ihn als Mini-Urlaub mitten im Alltagsstreß. Dann, bevor Sie den Zustand verlassen wollen, stellen Sie sich an einem wunderbaren Strand vor – heiter und ganz bei sich. Sie fühlen sich immer noch ruhig und entspannt, wenn Sie sich klarmachen, daß es in Ordnung ist, wenn man sich manchmal Sorgen macht und auch ein wenig Angst hat. Jetzt sind Sie wieder glücklich, werden mit allem fertig und haben Ihr Leben unter Kontrolle.

Und wenn Sie sich völlig beherrscht fühlen, zählen Sie langsam von eins bis drei. Bei drei bestätigen Sie sich: «Ich habe mein Leben fest in der Hand. Nach allem, was ich mitgemacht habe, werde ich nicht zulassen, daß Angst mein

Leben beherrscht.» Atmen Sie weiter tief und langsam durch, während Sie sich jetzt aus diesem Zustand der tiefen Entspannung zurückholen.

Sie werden erstaunt sein, wie frisch Sie sich danach fühlen. Dies ist der ideale Weg, zu Hause mit der Angst fertig zu werden. Vielleicht wollen Sie anschließend ein heißes Bad nehmen.

Wenn die Angst Sie in der Öffentlichkeit überfällt, können Sie mit folgender einfachen Methode damit fertig werden, die nur sechzig Sekunden dauert: Setzen Sie sich auf einen Stuhl, und beruhigen Sie sich mit einigen tiefen Atemzügen, langsam ein- und ausatmend. Dann spannen Sie alle Muskeln in Ihrem Körper an: zuerst die Füße, wie bei der ersten Methode, dann die Muskulatur des ganzen Körpers. (Sie müssen die Augen nicht schließen oder die Gesichtsmuskulatur anspannen, wenn andere Menschen in der Nähe sind.)

Ist Ihr Körper angespannt und fest wie ein Stück Holz, formen Sie mit Daumen und Zeigefinger ein O. Pressen Sie die beiden Finger so fest aufeinander wie möglich. Sie können dies mit einer oder mit beiden Händen machen.

Während dieses Vorgangs fühlen Sie, wie die Angst durch diese beiden (oder vier) Finger abfließt. Wiederholen Sie: «Abfließen, abfließen.» Wenn sie damit fertig sind, lösen Sie die Finger wieder, wobei Sie sich vorstellen, daß Sie damit Ihre Angst wegschnippen. Wiederholen Sie diese Übung drei- oder viermal.

Denken Sie daran, daß man Streß, Anspannung und Angst am besten mit Hilfe von Training bewältigt. Ich empfehle meinen Patienten in einer Trennungskrise eher eine Therapie mit Körperübungen als eine Psychotherapie; manchmal ist dies für sie das erste Mal seit Jahren, daß sie wieder ein Training durchführen. Außer den vielen Gymnastik- und Fitneß-Studios überall gibt es eine Reihe von Trainingsvideos, die Sie zu Hause benutzen können. Legen Sie sich ein Trockenfahrrad oder einige Hanteln zu. Viele Menschen trainieren lieber zu Hause, wo sie sich unbeobachtet fühlen; es besteht auch kein Grund, sich zusätzlich der Furcht vor dem «Wie sehe ich aus?» auszusetzen. Wichtig ist, daß Sie eine Sportart finden, die Sie regelmäßig betreiben. Körpertraining erhöht neurochemische Substanzen, sogenannte Endorphine, die auf biochemischem Weg helfen, die Angst zu reduzieren. Es sind natürliche Substanzen, die die Stimmung verbessern.

Wenn Sie regelmäßig trainieren, wird sich Ihr Allgemeinbefinden bessern, die Angst wird nachlassen, und auch Ihre äußere Erscheinung wird davon profitieren. In einer Trennungskrise sieht man oft blaß und niedergeschlagen aus; der seelische Schmerz ist Ihnen anzusehen. Durch das Training werden Sie einen gelasseneren Eindruck erwecken, weil Sie danach in der Tat gelassener sind.

Aus der eigenen Geschichte lernen: der wichtigste Gewinn aus einer Liebe

Wenn Sie in der Phase des Verzichts Ihre persönliche Einschätzung abgeben und sich mit dem auseinandersetzen, was in der Beziehung falsch gelaufen ist und warum sie zerbrechen mußte, wenn Sie die Verantwortung für Ihre Rolle bei der Trennung übernehmen, so bedeutet das nicht, daß Sie Ihre persönliche Geschichte verlieren müssen. Sie haben zwar die letzten Überreste der Beziehung aus Ihrer Psyche entfernt, sollten aber doch versuchen, das Positive aus der Beziehung zu bewahren und in Ihr neues Leben einzubringen. Das nenne ich den *wichtigsten Gewinn aus einer Liebe.* Vielleicht hatten Sie Kinder, vielleicht haben Sie während der Beziehung viele Reisen unternommen, etwas Neues erlernt oder sind beruflich weitergekommen. All diese Dinge können für Ihre Zukunft sehr wertvoll sein, weil Sie zu Ihrer Persönlichkeit beitragen.

Oft fällt es jedoch sehr schwer, herauszufinden, wie man die Vergangenheit in die Gegenwart oder die Zukunft integriert. Mehr als ein Patient hat mich während seiner Trennungskrise gefragt: «Wenn alles vorüber ist, wohin dann mit den Erinnerungen?»

Ein Problem in der Trennungskrise besteht darin, daß man bei dem Versuch, sich von der Vergangenheit zu lösen, gern alles vergessen will – einschließlich der positiven Erfahrungen, die man in der Beziehung hinzugewonnen hat. Leo hatte dies Problem. Er war der Meinung, daß er aus seiner siebenjährigen Beziehung mit Sherry, die ihn wegen eines jüngeren Mannes verlassen hatte, nichts als Demütigung übrigbehalten habe. Also dachte er, er habe außer der Zeit und Energie, die er in die Beziehung gesteckt hatte, nichts vorzuweisen. Es bedurfte jedoch nur einer einzigen Frage von mir, um ihm bewußt zu machen, was er aus der Beziehung gewonnen hatte, etwas, das sich in zukünftigen Beziehungen als nützlich erweisen würde.

«Leo, ich möchte, daß Sie sich Ihre Beziehung als Ganzes einmal anschauen und mir sagen, was daran am besten war. Es muß etwas gegeben haben, das Sie sieben Jahre zusammengehalten hat. Was waren die erfreulichen Augenblicke in der Beziehung?»

Einige Minuten saß er still da, um sich dann plötzlich aufzurichten: «Der Sex war grandios. Sherry war einfach unglaublich im Bett; wir machten Dinge miteinander, von denen ich geglaubt hatte, daß sie nur in Gedanken existieren. Tagsüber war sie launisch, und es war schwer, mit ihr zu leben, aber sobald sie im Bett war, drehte sie auf.»

Ungeachtet all der anderen Dinge hatte Leo zumindest während der sieben Jahre an Sherrys Seite sexuelles Geschick entwickelt, da sie eine sehr willige Partnerin war. Und obwohl sie ihn wegen eines jüngeren Mannes verlassen hatte, wußte er, daß er ein guter Liebhaber war. Mit dieser Unsicherheit würde er nicht zu kämpfen haben, wenn er sich wieder binden wollte. Er hatte nämlich eine Fertigkeit gewonnen, die ihm gute Dienste leisten würde. «Sogar an jenem schrecklichen Tag, zwei Stunden vor ihrem Auszug, liebten wir uns auf dem Boden des Wohnzimmers. Ich bin immer noch nicht sicher, was sie zu diesem anderen Typ hingezogen hat, ich weiß aber, daß ich ihren sexuellen Appetit mehr als befriedigt habe.»

Hin und wieder bekomme ich einen Patienten, der aufgrund seelischer Grausamkeit emotional völlig zerschmettert ist. Zu Recht besteht da das Gefühl, daß aus der Beziehung nichts zu retten ist außer vielleicht dem Wissen, was man in der nächsten Beziehung (wenn es noch eine geben sollte) nicht mehr will. Manchmal war die Erfahrung so schrecklich, daß der Patient danach geradezu eine Liebesphobie bekommt – die Angst davor, überhaupt wieder zu lieben. In diesen Fällen ist vielleicht eine zusätzliche Therapie für den Patienten notwendig, um diese Phobie zu überstehen, damit er bereit ist, wieder zu lieben.

Dies traf auf Janis zu, eine Verwaltungssekretärin, die mit siebenundzwanzig Jahren ihren Beruf aufgegeben hatte und zu Hause geblieben war, um für Brent zu sorgen. Brent war ein charmanter Engländer, in den sie sich auf der Stelle verknallt hatte, als er zum ersten Mal die Import-Export-Firma betrat, in der sie arbeitete. «Mein Gott, sah er gut aus, stahlblaue Augen, schwarze, lockige Haare. Ich hätte es wissen müssen, daß es Ärger mit ihm geben würde. Zuerst habe ich mich auch geweigert, aber dann hat er mich mit Blumen, Gedichten, romantischen Abendessen mürbe gemacht. Ich hatte geglaubt, Männer wie ihn gäbe es nur in Romanen.»

Drei Monate, nachdem sie sich kennengelernt hatten, zogen sie zusammen. Brent behielt den Charme, die Leidenschaft und die Intensität einige Monate bei, und schließlich willigte Janis in die Heirat ein.

«Nach fast einem Jahr wundervoller, altmodischer Brautwerbung, auch noch nachdem wir zusammenlebten, war ich davon überzeugt, endlich den perfekten Mann gefunden zu haben. Ich war sogar damit einverstanden, alles aufzugeben, wofür ich so hart gearbeitet hatte, denn er sagte, er wolle eine richtige Frau, nicht so eine Karrierefrau. Tja, und zwei Monate, nachdem ich ‹Ja› gesagt hatte, wünschte ich, ‹Nein› gesagt zu haben. Auf einmal kam er spät nach Hause, oft betrunken, und verlangte sein Abendessen, nachdem ich gerade abgeräumt hatte. Er beschwerte sich, daß die Wohnung nicht sauber genug oder die Wäsche nicht richtig gewaschen sei. Er erniedrigte mich und gab mir das Gefühl, ein Nichts zu sein. Das Schlimmste war, er machte mich vor unseren Freunden fertig. Ich fühlte mich wirklich in ein anderes Jahrhundert versetzt, als Frauen noch wie Sklaven behandelt wurden.»

Janis sah einen Augenblick zur Seite, bevor sie fortfuhr: «Als ich eine Fehlgeburt hatte, kam er nicht einmal ins Krankenhaus. Meine Freundin brachte mich nach Hause. Tagelang sprach er nicht ein Wort mit mir. Es war, als hätte ich eine furchtbare Sünde begangen... Nach diesen fünf Jahren glaube ich wirklich, das war's für mich. Ich meine, ich bin zwar erst zweiunddreißig, fühle mich aber völlig verbraucht. Die guten Zeiten? Ich kann mich an keine erinnern. Wenn es sie gegeben hat, sind sie unter der Gestörtheit dieser Beziehung begraben.»

Ich versuchte, Janis zu versichern, daß ihre Selbstkenntnis, das Wissen um ihre eigenen Bedürfnisse das Gute waren, das sie aus der Beziehung gewonnen hatte. Das einzige, was sie erwidern konnte, war: «Wie dumm war ich doch!»

Da blickte ich sie an und sagte: «Das ist ein sehr gesunder Standpunkt. Er zeigt, daß Sie die Realität der Situation erkannt haben. Sie berichten mir zwar nur negative Dinge, sagen aber zur gleichen Zeit, daß Sie durchaus gelernt haben.» Janis wäre in Schwierigkeiten geraten, wenn sie daran gedacht hätte, die Beziehung wiederaufzunehmen oder sie zu idealisieren trotz der enormen seelischen Kränkungen, die sie hatte erdulden müssen.

«Was mich daran immer wieder wundert, Dr. Gullo, ist, wie er mich getäuscht hat. Wir waren doch fast ein Jahr zusammen und haben sogar zusammengelebt, bevor ich in die Heirat einwilligte. Was hätte ich denn anders tun sollen?»

«Sicher nichts. Leider können wir keine Beziehungsprüfung, so wie eine Scheckprüfung, an Menschen vollziehen, bevor wir sie heiraten. Und es gibt Menschen, die ändern ihre Persönlichkeit, sobald sie einmal bekommen haben, was sie wollten. Erst dann zeigen sie ihre wahre Natur. Sie sind nicht die erste, der so etwas passiert. Der einzige Fehler, den Sie gemacht haben, war vielleicht, Ihren Beruf aufzugeben und Ihr Leben völlig auf sein Leben einzustellen. Wir alle müssen unsere Identität wahren. Sie hätten darauf bestehen sollen, Ihren Arbeitsplatz zu behalten, zumindest als Teilzeitjob, um auf diese Weise wenigstens einen Teil Ihrer Unabhängigkeit zu erhalten. Brent ist ein Nehmer. Und je mehr Sie gaben, desto mehr nahm er sich. Jetzt wissen Sie, daß dies nicht der Menschentyp ist, der Sie glücklich machen kann.»

«Aber sein Wandel war so radikal. Wie soll ich wissen, wem ich noch trauen kann?»

«Leider gibt es da keine Garantien, Janis. Darum braucht man Mut zur Liebe. Manchmal kann man nur instinktiv handeln. Ich betone jedoch noch einmal, daß Ihre erste Sorge, wenn Sie sich wieder mit jemandem einlassen, sein muß, Ihre eigene Identität zu wahren – das heißt Ihren

Beruf, Ihre Freunde, alle Interessen, denen Sie nachgingen, bevor Sie diesen Menschen kennenlernten. Vielleicht müssen Sie ein paar Kompromisse schließen, aber es ist nicht klug, Ihr ganzes Leben in die Hand eines anderen Menschen zu legen.»

Ich ermutigte Janis, diese Beziehung als eine Art Kostümprobe für die nächste zu betrachten. Sie hatte schrecklich gelitten, war sich aber inzwischen ihrer persönlichen Bedürfnisse bewußt und hatte erkannt, daß sie die Kraft gehabt hatte durchzuhalten. Vielleicht hatte sie Einsichten gewonnen, die ihr in Zukunft zu besseren Beziehungen verhelfen würden. Obwohl sie unsägliche Schmerzen erleiden mußte, hatte sie doch etwas gelernt – das war ihr wichtigster Gewinn aus der Liebe.

Für Janis war es die erste Trennungskrise. Ich versicherte ihr, daß eine weitere Trennungskrise, falls sie noch einmal eine erleben sollte, nicht so schmerzhaft sein würde.

«Na, da bin ich aber erleichtert, Dr. Gullo. Aber warum ist die erste Trennungskrise immer die schmerzhafteste?»

«Weil Menschen, die alle Phasen einer Trennungskrise durchmachen, am Ende stärker geworden sind. Betrachten Sie es als Stärkung des emotionalen Abwehrsystems. Nachdem alles vorbei ist, erkennen Sie mit Erstaunen, daß Sie überlebt haben und stabiler geworden sind. Tritt noch einmal eine Trennungskrise ein, so besitzen Sie bereits Bewältigungsmechanismen, die Sie wieder anwenden können. Und weil Sie wissen, was auf Sie zukommt, ist es nicht mehr so furchteinflößend. Es fällt Ihnen auch leichter, Ihre Gefühle unter Kontrolle zu halten, weil Sie wissen, daß die Trennungskrise ein Ende haben wird.»

Es war wichtig, Janis' Aufmerksamkeit auf die positiven Dinge zu lenken, die nach der Trennung für sie eingetreten waren. Ich erinnerte sie daran, daß in ihrem Fall allein die Beendigung der Beziehung schon positiv war.

«Ich habe festgestellt, daß ich meinen Zigarettenkonsum eingeschränkt habe, weil ich nicht mehr so nervös bin. Ich kann so lange bei meiner Freundin wohnen, bis ich einen neuen Job gefunden habe. Die Anwälte streiten sich noch um eine Einigung, so daß Geld knapp ist. Ich habe auch aufgehört zu trinken. Wissen Sie, ich habe nie wirklich getrunken, bis ich Brent kennenlernte. Auf einmal trank ich jeden Abend Alkohol. Er war ein Weinkenner, und für ihn war ein Essen nicht vollständig, zu dem nicht ein paar Flaschen Wein geleert wurden. Es ist seltsam; jetzt, wo ich wieder allein bin, bin ich offensichtlich wieder so wie früher.»

Das war durchaus nicht seltsam. Viele Menschen wandeln sich wie ein Chamäleon – vor allem wenn sie lieben. Treten ihre Unsicherheiten zutage, ändern sie ihr Verhalten oft, um dem Partner zu gefallen. Im weiteren Verlauf verlieren sie ganz allmählich ihre Identität, da sie in gewissem Sinne vom anderen geschluckt werden. Die Beendigung der Beziehung ist auch für den verlassenen Partner wichtig, um die Identität wiederzuerlangen.

Förderung des eigenen psychischen Wachstums

Häufig taucht durch die Trennungskrise ein viel größeres Problem auf: die Notwendigkeit, den eigenen psychischen Reifeprozeß voranzutreiben. Hier muß ich noch einmal daran erinnern, wie wichtig es ist, sich von der Last der Perfektion zu befreien. Es ist in Ordnung, wenn man einen Fehler macht und sich blamiert. Wie ich schon Janis klargemacht habe, ist es ein Zeichen psychischer Reife, wenn man erkannt hat, daß man einen Fehler gemacht hat. Mit unserer Menschlichkeit müssen wir unsere Unvollkommenheit akzeptieren; sie ist ein Teil des Lebens.

Das Ende einer Beziehung anzunehmen und einzusehen, daß sie ein Fehler war, ist ein Entwicklungsschritt – wenn auch ein schmerzhafter. Darum ist es äußerst wichtig, die Selbstachtung durch die Aufnahme positiver Tätigkeiten und positiver Beziehungen wiederaufzubauen.

Wenn Sie es, wie Janis, zuließen, daß Ihr Partner zu Ihrem Lebensinhalt wurde, so müssen Sie erkennen, daß Sie sich nie auf einen Menschen allein als die einzige Quelle emotionaler Unterstützung verlassen können. Das ist unrealistisch und für jeden eine zu große Belastung.

Legen Sie Ihren Emotionen dieselben Prinzipien zugrunde wie Ihren Finanzen – verteilen Sie sie! Eine ganze Reihe von Interessen fördert nicht nur den psychischen Reifeprozeß, sondern bereichert Ihr Leben und macht Sie für andere Menschen interessant. Jetzt ist Gelegenheit, sich zu integrieren, Menschen kennenzulernen, zu denen Sie nie Kontakt hatten, weil Sie immer nach Hause zu Ihrem Partner eilen mußten. Schließen Sie sich den anderen nach Feierabend auf einen Drink an, ein Ballspiel oder auf eine Runde Bowling. Engagieren Sie sich in Ihrer Kirche, in der Gemeindearbeit oder im Kulturausschuß Ihrer Stadt. Beschäftigen Sie sich mit einer Sache, an die Sie glauben. Nehmen Sie Anteil am Leben.

Nehmen Sie sich auch Zeit, sich regelmäßig etwas Gutes zu tun: eine Massage, ein Training, eine Maniküre oder ein ausgiebiges Bad – verwöhnen Sie sich. Wenn es auch nur kleine Dinge sind, sie stärken den Sinn für Eigenliebe, die vor Beginn der Trennungskrise nur unzureichend vorhanden gewesen sein mag.

Je mehr Sie sich selbst helfen, desto besser fühlen Sie sich. Mit dem Selbstvertrauen wächst Ihre innere Zufriedenheit. Plötzlich sieht die Zukunft nicht mehr ganz so hoffnungslos aus, da Sie aus sich herausgehen und wieder aktiv am Leben teilnehmen.

8 Wann ist man wieder bereit zu lieben?

Eines Morgens wacht man auf, macht sich Kaffee und setzt sich an den Tisch, um Zeitung zu lesen. Zufrieden und glücklich ist man ganz bei sich, während man sich auf den Tag vorbereitet. Beruflich läuft alles gut, und vielleicht steht man kurz vor einer Beförderung. Es wird eine lange Arbeitswoche werden, aber auf das Wochenende im Schnee kann man sich freuen. Ein vielversprechender Tanzabend steht bevor und stellt neue Freundschaften und vielleicht sogar eine kleine Romanze in Aussicht.

Plötzlich erkennt man, daß der Schmerz vorüber ist. Man denkt nicht mehr automatisch zuerst daran, was der ehemalige Partner gerade macht; man wäre auch gar nicht dazu in der Lage, man ist zu sehr damit beschäftigt, sein Leben zu reorganisieren. Die bösen Erinnerungen an die Trennung verblassen. Hin und wieder erleidet man wohl noch die eine oder andere Rückblende, die aber schnell vorübergeht. Es besteht kein Zweifel: Das Leben kreist nicht mehr um den Liebesverlust, und die Energie konzentriert sich nicht mehr auf den Heilungsprozeß. Der seelische Schmerz ist überwunden und damit viele Probleme, die dazugehörten. Vielleicht waren es Grübeln, Sprunghaftigkeit und zahlreiche Ängste, die den Alltag überschatteten. Jetzt ist man sehr selbstbewußt und geht sorgsam mit sich um, fest entschlossen, die alten Fehler nicht mehr zu wiederholen.

In der Phase der Reorganisation spüren Sie, wie das Leben endlich Ihnen gehört, wie Sie in der Lage sind, es zu meistern und Ihre Gefühle im Griff zu halten. Und vielleicht werden Sie zu Ihrer Überraschung feststellen, daß Sie wieder eine Liebesbeziehung als Bestandteil in Ihr Leben integrieren wollen.

Statt Begegnungen mit anderen Menschen zu vermeiden oder sich ausschließlich in die Arbeit zu stürzen, begeben Sie sich in Situationen, in denen Sie die Möglichkeit erhalten, neue Bekanntschaften zu machen. Oder Sie veranlassen Freunde, Verabredungen für Sie zu arrangieren oder einen Tischpartner für Sie einzuladen. So seltsam es auch ist – vor fünf oder sechs Monaten haben Sie denselben Menschen, die Sie jetzt darum bitten, noch untersagt, Sie aufzurichten.

Mit dem Wunsch, Ihr Leben weiterzuführen, werden im Laufe der Zeit auch Verabredungen für Sie wieder attraktiv. Das ist durchaus normal, wenn man eine Trennungskrise hinter sich hat, es tritt erwartungsgemäß auch ein, wenn eine langjährige Beziehung zerbrochen ist; das letzte Rendezvous mag dann vielleicht schon zwanzig Jahre zurückliegen. Die meisten meiner Patienten fanden es auch leichter, nach ihrer Trennungskrise mit Hilfe von vorübergehenden Beziehungen in ein Leben als Alleinstehende zurückzukehren.

Übergangsbeziehungen nutzen

Ob es sich um einen gemeinsamen Kinobesuch handelt, ein Abendessen auswärts, lange Telefongespräche oder sogar eine unverfängliche sexuelle Begegnung – man sollte den Wert kurzer oder, wie ich sie nenne, *Übergangsbeziehungen* nicht unterschätzen. Sie bieten vor allem eine Hilfe bei der Wiederentdeckung eigener Gefühle, da sie in einer entspannten und nicht bedrohlichen Atmosphäre verlaufen, ohne Anforderungen oder Druck. Betrachten Sie Übergangsbeziehungen als Test, als eine Möglichkeit, herauszufinden, wo Ihre persönlichen Bedürfnisse liegen. Und nach all dem seelischen Schmerz während einer Trennungskrise können solche Beziehungen dazu beitragen, daß Sie sich wieder liebenswert und begehrenswert finden, da sie Ihre Selbstachtung fördern.

Oft beinhaltet eine Übergangsbeziehung mehr als ein paar Verabredungen und wird zu einer wunderbaren Freundschaft, in der Freud und Leid miteinander geteilt werden. So war es z. B. bei Bill und Joyce. Ich hatte Bill in den dunkelsten Tagen seiner Trennungskrise beraten und ihn, als er bereit war, zu Übergangsbeziehungen ermutigt.

Als Bill dann Joyce einmal einlud, wußte er, daß er sie nicht heiraten würde. Aber sie war nett. Sie brachte ihn zum Lachen, und er fühlte sich wohl bei ihr. Nachdem er so viel seelischen Schmerz durchgemacht hatte, empfand er es als enorme Erleichterung, mit einer Frau auszugehen und einfach Spaß zu haben. Sie nahmen sich in den Arm und tauschten Küsse auf die Wangen aus – aber das war auch alles, und es war für beide in Ordnung.

Schließlich verabredete sich Joyce auch mit Sidney, woraus eine Liebesbeziehung entstand. Sie blieb aber mit Bill eng befreundet, und sie hielten ihren Kontakt aufrecht. Als Bill an Lungenentzündung erkrankte, pflegte Joyce ihm Hühnerbrühe vorbeizubringen, bevor sie sich mit Sidney traf. Und als ihr Auto einmal stehenblieb, war es für Bill selbstverständlich, daß er sie zur Arbeit brachte und auch wieder abholte, bis der Wagen repariert war.

Als Joyce und Sidney heirateten, freute sich Bill für seine Freundin. «Ganz gleich, wo Joyce sich auch aufhält, ich werde sie immer als meine Freundin betrachten und ihr ewig dankbar sein, daß sie wieder einen Menschen aus mir gemacht hat. Was wie eine vorübergehende Beziehung be-

163

gann, hat dazu beigetragen, daß mein Selbstvertrauen wiederhergestellt wurde, und außerdem ist ein wundervolle Freundschaft daraus geworden.»

In einer Übergangsbeziehung haben Sie nichts zu verlieren und nichts zu gewinnen, da es keine Versprechen gibt, keine Verpflichtungen und keine Fesseln angelegt werden. Man gibt, was man bereit ist zu geben, und nimmt sich von dem anderen Partner, soviel man will. Dies ist vielleicht die erste Möglichkeit seit Jahren, in einer Beziehung völlig ehrlich zu sein.

Denken Sie jedoch daran, daß Sie in einer Übergangsbeziehung immer noch durch Zurückweisung verletzbar sind, auch wenn es keine tiefe Beziehung ist. Sie verabreden sich ein paarmal mit jemandem und würden gern weiterfahren, aber der andere will es vielleicht nicht. Es besteht kein Grund, sich diese Ablehnung zu sehr zu Herzen zu nehmen oder dadurch an Selbstachtung zu verlieren. Vielleicht erleben Sie eine partielle Zurückweisung, da Sie von der Übergangsbeziehung mehr erwartet haben, als der Partner bereit ist zu geben.

Als Steve und Diane sich öfter trafen, hatten sie beide eine Trennungskrise hinter sich und beschäftigten sich mit der Reorganisation ihres Lebens. Steve aß nicht gern allein, so daß er häufig mit Diane zusammen essen ging. An einem Abend begann Diane, nachdem sie viel Wein getrunken hatte, sich an Steve zu schmiegen, und schlug vor, den Rest des Abends gemeinsam im Bett zu verbringen. Steve mochte keinen sexuellen Druck, zum Teil deshalb, weil die Beziehung mit seiner früheren Frau auf diesem Gebiet so leistungsorientiert gewesen war.

«Plötzlich, als ich schon im Begriff war, zuzustimmen, wurde mir klar, daß ich ja mit Diane nicht ins Bett gehen mußte, wenn ich nicht wollte. Dazu war ich einfach noch nicht bereit. Ich war so erleichtert, daß ich nein sagen konnte, ohne irgend etwas vortäuschen zu müssen, weil die Beziehung zu Diane nur ein Übergang war. In dem Moment machte es mir auch nichts aus, wenn ich sie aufgrund meiner Weigerung nie wiedersehen würde. Diese Erkenntnis verschaffte mir ein wundervolles Gefühl von Freiheit und Erleichterung. Zum Glück hat Diane nicht darauf bestanden, und wir haben uns auch weiterhin getroffen. Zwei Monate später war ich sexuell so weit, daß Diane und ich unsere Beziehung entsprechend erweitern konnten. Für uns war aber immer klar, daß wir damit keine engen Bande knüpfen wollten. Wir sind immer noch eng befreundet, aber wir verabreden uns auch mit anderen. Nur so geht es, denn keiner von uns ist bereit, den nächsten Schritt zu tun.»

Hat man bisher nur eine lang andauernde Beziehung gekannt, ist man häufig der Meinung, daß eine Beziehung eine Frage des Alles-oder-Nichts ist. Mit anderen Worten, wenn sie nicht auf eine Heirat hinausläuft, was soll's dann? Warum soll man seine Zeit damit vergeuden? Sollten Sie diese Einstellung haben, verkennen Sie die Tatsache, daß alle Beziehungen Ihnen die Möglichkeit verschaffen, Ihre Fähigkeiten im Umgang mit Menschen, vielleicht sogar Ihre Liebesfähigkeit zu verbessern, die im Verlauf Ihrer vergangenen Beziehung verkümmert sein mag.

Vorübergehende Beziehungen sollten als Möglichkeiten dienen, sowohl über sich selbst als auch über die unterschiedlichsten Mitmenschen etwas zu lernen. Betrachten Sie die Begegnung mit neuen Menschen als eine Chance für Ihren emotionalen Reifeprozeß, für die Erkenntnis Ihrer eigenen Bedürfnisse und als eine Chance, zu lernen, was eine Beziehung wirklich ausmacht, bevor Sie sich wieder binden.

Wieder intim

Nach einer Trennungskrise ist es nie leicht, sich wieder auf intime Beziehungen einzulassen. Männer aller Altersstufen erleben während und nach einer Trennungskrise oft eine Zeit der Impotenz. Und beinahe jede Frau, die ich beraten habe, berichtete über eine Periode, in der sie vor jeder Form von Sexualität die Flucht ergriff. Wie z. B. Emily, achtundzwanzig und sehr attraktiv, die mir erzählte: «Ich mußte mit meinem Mann erst einmal zwei Monate ausgehen, bevor ich ihm überhaupt erlaubte, mir zum Abschied einen Kuß zu geben. Sogar Händeschütteln widerte mich an!»

Sowohl sexuelle Unfähigkeit als auch mangelndes Interesse sind normale Erscheinungsformen der Nachwirkungen einer Trennungskrise. Wie oft bekomme ich von meinen Patienten zu hören: «Ausgerechnet jetzt, wo ich doch alles überstanden und hinter mir habe, muß ich mich auch noch damit auseinandersetzen?»

So wie der einunddreißigjährige Walter lebhaft zu mir sagte: «Da hatte ich nun eine wunderbare Frau im Arm und, mein Gott, ich fürchtete mich, weil ich ihn nicht hochkriegte. Und stellen Sie sich vor, das schrecklichste an der Sache war, daß ich auch nicht den geringsten Wunsch dazu verspürte! Aus mir war auf allen Gebieten die Luft raus! Das zerstörte das letzte bißchen Selbstvertrauen, das noch übrig war, weil ich nur das eine im Kopf hatte: was diese Frau wohl von mir denken würde. Es war so peinlich für uns beide!»

Wieder mit jemandem intim zu werden, bedeutet, sich völlig preiszugeben. Man legt nicht nur die Kleider ab, sondern legt sein Inneres bloß und ist damit einer Verwundbarkeit ausgesetzt, die die Sexualität nun einmal impliziert. Deshalb ist es so enorm wichtig, daß Sie sich nicht zu einer intimen Beziehung zwingen, bevor Sie nicht wirklich die Bereitschaft dazu verspüren. Steve tat recht daran, als er bei

Diane nein sagte; sonst hätte er in die gleiche mißliche Situation geraten können wie Walter. Und da die Sexualität während seiner Ehe ein Problem war, hätte dies seine Ängste nur vermehrt.

Normalerweise rate ich meinen Patienten, es langsam anzugehen und die Zeit gemeinsam mit dem natürlichen Fluß ihrer Hormone therapeutisch wirken zu lassen. Wenn Sie jedoch das Gefühl haben, aus Ihrem mangelnden Interesse oder Ihrer sexuellen Unfähigkeit nicht herauszukommen, suchen Sie einen Fachmann auf. Wenn man sich zu sehr mit diesem Problem beschäftigt und sich Sorgen macht, ob man je wieder eine sexuelle Beziehung haben kann oder will, vergrößert man es nur.

Die Intimität mit einem anderen Menschen fällt gewöhnlich älteren Menschen schwerer, die eine zwanzig- oder dreißigjährige Ehe hinter sich haben. Für sie ist sogar der Gedanke an eine einfache Verabredung erschreckend, weil ungewohnt. Sie erleben vielleicht auch einen, wie ich es nenne, Generationenkonflikt: Sie reagieren verwirrt auf ein Rendezvous, denn die Gepflogenheiten auf diesem Gebiet haben sich im Laufe der Jahre drastisch verändert.

In dieser Lage gerät man in Furcht oder sogar Panik beim ersten Mal, wenn jemand anruft, um ein Treffen zu vereinbaren. Diese Reaktion ist normal. Wenn Interesse vorhanden ist, versuchen Sie zuzustimmen. Irgendwo müssen Sie einen Anfang machen. Die ersten Verabredungen sind vielleicht schrecklich für Sie, weil Sie einfach keine Übung mehr haben; wenn es also nicht so gut läuft und Sie sich unwohl dabei fühlen, nehmen Sie es nicht so schwer. Akzeptieren Sie diese Gefühle als Teil Ihres Reifungsprozesses – und geben Sie nicht auf!

Beatrix hatte Arthur mit achtzehn geheiratet, vier Kinder zur Welt gebracht und wachte eines Morgens im Alter von vierundfünfzig Jahren neben einem leeren Bett und einem

Zettel auf, der seine Nachricht enthielt, daß sein Verschwinden nichts mit ihr zu tun habe, daß er sich über den Inhalt seines Lebens nicht im klaren sei, sich in dem gemeinsamen Dasein verloren fühle und es für ihn an der Zeit sei, die Wahrheit zu suchen, wo immer sie auch liegen möge. Zuerst dachte Beatrix: «Er wird wieder zur Vernunft kommen und zurückkehren.»

Einen Monat darauf wurden ihr die Scheidungspapiere zugeschickt mit dem Angebot einer mehr als großzügigen Regelung, die sogar ihren Anwalt erstaunte. Beatrix war monatelang in der Phase des Kummers und in einem Zustand der Verwirrung bei dem Versuch, zu verstehen, was eigentlich geschehen war. Es dauerte zwei Jahre, bevor sie überhaupt an die Möglichkeit einer Verabredung denken konnte, da sie immer noch glaubte, Arthur werde zurückkommen.

Die erste Verabredung brach sie nach einer halben Stunde ab. Sie empfand Ekel, so daß sie nach Hause gehen mußte. «Ich hatte nicht nur Angst, Dr. Gullo, weil ich da neben jemandem in einem dunklen Kino saß, den ich kaum kannte, sondern mir war, als würde ich Arthur betrügen. Ich fühlte mich schuldig, daß ich mit einem anderen Mann ausging. Und ich bin so unzufrieden mit mir.»

«In welcher Hinsicht?»

«Mit meiner äußeren Erscheinung. Was ist, wenn ich jemanden kennenlerne, mit dem ich mich wirklich gut verstehe, und das Ganze führt dazu, daß wir miteinander schlafen? Der einzige Mann, der mich außer Arthur je unbekleidet gesehen hat, ist mein Arzt.»

Beatrix sprach die Angst und die Sorge vieler älterer Menschen, meist Frauen aus, für die das Körperliche nicht mehr zu den vorrangigen Dingen gehört. Und jedes Gefühl der Schuld oder des Betrugs ist völlig normal, da die vorherige Beziehung so lange gedauert hatte. Für viele ist der einzige Mensch, mit dem sie jemals geschlafen hatten, der frühere Partner gewesen. Leider tragen die Schuldgefühle nur noch zu dem negativen Bild bei, das sie von sich selbst haben, und erschweren ihnen die ersten Schritte als Alleinstehende.

Ich gab Beatrix den Rat, es langsam anzugehen und ihr Bestes zu tun, damit sie mit ihrem Äußeren zufriedener sein konnte. Nach vier Monaten hatte Beatrix ein Bräunungsstudio besucht und sich modernere Kleidung zugelegt. Als wir das letztemal miteinander sprachen, traf sie sich regelmäßig mit zwei verschiedenen Männern – hielt sie aber auf Distanz.

Joan ist gerade fünfzig geworden und seit drei Jahren geschieden. Sie ist ziemlich wohlhabend und verkehrt in gehobenen Kreisen. Sie besitzt eine umfassende Kunstsammlung, die ihr als Ablenkung während der Trennungskrise diente. Vor zwei Monaten lernte sie einen zehn Jahre jüngeren Mann kennen, der sie ständig zu Wochenenden einlädt. Er ist ein erfolgreicher Graphiker und verrückt nach ihr. Sie gehen zusammen ins Ballett und in die Oper. Er begleitet sie zu gesellschaftlichen Anlässen. In vieler Hinsicht sind sie wie für einander geschaffen, aber sie hält immer Ausreden bereit, warum sie mit ihm kein Wochenende verbringen kann, denn sie weiß, dies würde unweigerlich dazu führen, daß sie zusammen ins Bett gehen. Und sie ist überzeugt, daß sie ihn nie wiedersehen wird, wenn er sie erst einmal ohne Kleider gesehen hat.

Ich schlug ihr vor, eine Diät anzufangen, einen persönlichen Trainer zu engagieren (der zu ihr nach Hause kommen und ihr beim Training helfen würde) und eventuell sogar eine Schönheitsoperation in Erwägung zu ziehen. Wenn diese Dinge so wichtig für sie sind und das einzige Hindernis darstellen auf ihrem Weg zu einer neuen Liebesbeziehung, kann sie aktiv werden. Geld spielt für sie keine Rolle. Sie hat sogar das Glück, zu den Privilegierten zu gehören, die es sich leisten können, sich völlig umgestalten zu lassen, wenn sie es wollen.

Aber sie weigert sich. Und die Dinge bleiben, wie sie sind. Sie spielt mit Vincent weiterhin Katz und Maus, wenn es um die Frage geht: «Fährst du mit mir?» Sie argumentiert, daß sie sich zwar wegen ihres Körpers bei dem Gedanken an Intimität unwohl fühlt, daß sie aber mit ihrem Körper, so wie er ist, zufrieden ist. Joan ist psychisch noch nicht bereit für Körperkontakt.

Ob aus mangelndem sexuellen Verlangen, sexueller Unfähigkeit oder aus Scheu vor der eigenen Nacktheit – die Intimität bringt für Männer wie Walter und Steve oder für Frauen wie Emily, Beatrix und Joan viel psychische Verwirrung mit sich, die manchmal die letzte aus der Trennungskrise verbliebene Reaktion darstellt: die Angst, daß jede Intimität schließlich wieder dazu führen wird, verletzt zu werden. Für viele ist es ein furchtbarer Schock, wenn sie nach einer Beziehung, die in ihrem Erwachsenendasein die einzige sexuelle darstellte, auf einmal vor der grundlegenden Entscheidung stehen, ob sie den anderen Partner küssen oder ob sie ihm erlauben sollen, sie zu küssen, und, wenn ja, wohin das führen soll.

Wenn Sie Schwierigkeiten damit haben, wieder Intimität in Ihrem Leben zuzulassen, empfehle ich schrittweise Intimität. Damit meine ich, den Körperkontakt zu einem anderen Menschen *sehr langsam*, Schritt für Schritt, aufzubauen. Solange Sie sich mit dem gerade unternommenen Schritt wohl fühlen, bleiben Sie dabei. Sie beginnen vielleicht einfach mit Händchenhalten. Erst wenn Ihnen das überhaupt nichts mehr ausmacht, sollten Sie mit Umarmungen und Küssen weitermachen. Dann fallen Ihnen auch lange Umarmungen leicht.

Diese schrittweise Intimität ist für mich eine Art notwendiger sexueller Rehabilitation nach einer schmerzhaften emotionalen Trennung. Ich vergleiche sie mit der körperlichen Rehabilitation nach einem Arm- oder Beinbruch. Der entsprechende Körperteil muß gestärkt werden, bevor er wieder einsatzfähig ist. Dasselbe gilt für die Intimität. Erst wenn man sich sexuell stark und wohl fühlt, kann man sich wieder darauf einlassen.

Sie sollten mit dem neuen Partner auf jeden Fall darüber sprechen, wie Sie sich fühlen und wie wichtig es für Sie ist, daß er Ihnen Zeit läßt. Lassen Sie sich nicht zu Dingen überreden, die Sie nicht wirklich bereit sind zu tun. Wenn der Zeitpunkt nicht stimmt, haben Sie keine Angst, nein zu sagen. Hierfür sind Übergangsbeziehungen von unschätzbarem Wert. Wenn jemand von Ihnen etwas fordert, das Sie nicht bereit sind zu geben, besteht kein Grund für Sie, die betreffende Beziehung fortzusetzen. Ein Patient sagte mir einmal: «Nachdem ich die Trennungskrise bei intaktem Verstand überlebt habe, kann ich niemanden mehr tolerieren, der auch nach einem Nein von meiner Seite noch weitermachen will, bevor ich nicht bereit dazu bin.»

Besteht bei Ihnen die Bereitschaft, wieder zu lieben, und suchen Sie neue Bekanntschaften und neue Beziehungen, lassen Sie sich die Zeit, die Sie brauchen, um erneut intim zu werden. Denken Sie nicht, es erzwingen zu müssen. Wenn Sie wirklich bereit sind, auch körperlich auf einen anderen zuzugehen und ihn zu berühren, werden Sie erleben, wie schön es ist, sich wieder mit einem anderen Menschen im übertragenen und tatsächlichen Sinn zu verbinden.

9 Eine neue Liebe

Ihre Laufzeit durch eine Trennungskrise werden Sie kaum jemals vergessen. Das sollten Sie auch nicht, denn was Sie gelernt haben, wird sich als unschätzbare Hilfe bei der Gestaltung Ihres gegenwärtigen und zukünftigen Glücks erweisen. Auch wenn es noch nicht offensichtlich ist, so sind Sie doch durch den Schmerz Ihrer Trennungskrise reifer und an Erfahrung reicher geworden. Die Trennungskrise zwang Sie dazu, sich mit sich selbst und mit verschiedenen Aspekten Ihres Lebens auseinanderzusetzen: mit Ihren persönlichen Fehlern, Ihren Fallen und Ihren Ängsten. Für viele von Ihnen war dies das erste Mal im Leben, daß sie sich so offen und ehrlich mit ihren Gefühlen auseinandersetzen mußten. Am Ende, nachdem Sie sich Ihrer Bedürfnisse bewußt geworden waren, stand die persönliche Wahrheit. Mit der Offenlegung all Ihrer Ängste und Frustrationen entwickelten Sie ein stärkeres Selbstbewußtsein.

Nach allem, was Sie hinter sich haben, wissen Sie jetzt, in der letzten Phase der Loslösung, was Ihnen in einer Beziehung Freude macht, welche Situationen Sie tolerieren können, wo Sie Kompromisse schließen müssen und was Sie absolut untragbar finden. Werte und Ideale, die jahrelang verschüttet waren, sind wieder hervorgetreten und zusammen mit anderen, neu entwickelten Grundsätzen zu einem wesentlichen Bestandteil Ihres Lebens geworden. Mit allem, was Sie aus Ihrem persönlichen Schmerz gewinnbringend gelernt haben, sind Sie nicht nur in der Lage, von neuem zu lieben, sondern haben sogar eine größere Chance, eine für Sie befriedigendere Liebesbeziehung einzugehen, weil Sie viel durchgemacht haben und sich selbst nun gut kennen. Sie haben auch erkannt, daß es zur Aufrechterhaltung einer Liebesbeziehung nicht genügt, einfach nur zu lieben.

Die Vergangenheit ins richtige Licht rücken

Bevor Sie wieder bedingungslos und ohne Beeinträchtigung lieben können, müssen Sie Ihren vergangenen Schmerz ins richtige Licht rücken, das heißt, alle destruktiven Gefühle der Wut oder Erbitterung freilassen, die auch in der letzten Phase der Loslösung noch mitschwingen können. Es kann sein, daß Sie kurz in die Schuldzuweisung zurückfallen aufgrund einer Rückblende, die alte Gefühle wieder aufkommen läßt. Oder Sie sind wütend und verbittert gegenüber der Liebe im allgemeinen, weil man Sie verletzt hat. Es kann sogar vorkommen, daß Sie die Wut gegen sich selbst kehren, was nach Meinung vieler Psychotherapeuten die Grundlage für Depressionen ist.

Sicher haben Sie ein Recht auf Ihre Wut, aber lassen Sie sie nicht zum Mittelpunkt Ihres Lebens werden – zu Ihrem eigenen Nutzen und zum Wohl derer, die um sie herum sind. Das Leben ist zu kurz, um die Zeit mit zornigen Gedanken zu vergeuden. Letztendlich ist es nur eine andere Form, und eine destruktive dazu, an der Vergangenheit festzuhalten. Arbeiten Sie daran, sich von den negativen Aspekten dieser Wut zu befreien. Wenn das nicht gelingt, werden Sie sie wahrscheinlich an anderen auslassen, vor allem an der Familie, den Kindern, Freunden oder sogar an einem neuen Partner. Schließlich werden all Ihre Beziehungen darunter leiden, daß Sie Liebe abweisen. Denken Sie daran, daß niemand weniger liebenswert oder attraktiv erscheint als ein verärgerter, verbitterter Mensch, ganz gleich, wie das äußere Erscheinungsbild auch sein mag.

Der Philosoph Albert Schweitzer hat beobachtet, daß «die Tragödie des Lebens darin besteht, daß in einem Menschen etwas abstirbt, noch während er lebt». Die Erfahrung der Trennungskrise soll nicht dazu führen, daß man sich vor der Liebe fürchtet oder unfähig wird zu lieben. Denn wenn Sie es zulassen, daß die zerbrochene Beziehung und der Trennungsschock Sie dahin bringen, daß Sie sich vor der Liebe fürchten, werden Sie mehr als nur die Person und die Beziehung verlieren; Sie werden eine zentrale menschliche Eigenschaft verlieren – die Fähigkeit zu lieben, die das Wesen unserer Menschlichkeit ausmacht.

Um angesichts des Unglücks in Ihrem Leben ein glückliches Leben fortführen zu können, müssen Sie die Fähigkeit entwickeln, sich vom seelischen Schmerz der Vergangenheit zu distanzieren. Dies ist ein wichtiger Teil Ihres persönlichen Reifeprozesses. Ich habe häufig beobachtet – und auch Sie werden dies auf dem Weg durch Ihre Trennungskrise festgestellt haben –, daß die Zeit und Ihre Psyche Sie von diesem Schmerz wegbringen. Es bedarf jedoch noch einer besonderen Anstrengung Ihrerseits, um die letzten Überreste loszulassen. Denken Sie daran, eine der Freuden in der Phase der Loslösung besteht darin, daß Sie die Möglichkeit haben, einen neuen Anfang zu machen ohne die Lasten der Vergangenheit, mit dem zusätzlichen Vorteil, durch den eigenen Schmerz reifer geworden zu sein.

Haben Sie den Eindruck, daß Sie immer noch an Wut oder Bitterkeit festhalten, wenden Sie die Gedankenblokkade an, sobald diese Gefühle auftauchen. Das heißt, Sie sagen sich: «Halt!» und beschäftigen sich mit einer Ihrer Ablenkungen, um sich von diesen negativen Gefühlen abzubringen. Erinnern Sie sich auch daran, wieviel Sie emotional bereits überstanden haben, und konzentrieren Sie sich weiterhin auf den neuen Lebenslauf, den Sie in der Phase der Loslösung beginnen.

Erinnern Sie sich an Beatrix, die eines Morgens neben einem leeren Bett und einer Notiz aufwachte? Einer der Gründe dafür, warum es zwei Jahre dauerte, bevor sie überhaupt daran denken konnte, sich wieder zu verabreden, war ihre tiefe Verbitterung. Aber sie erkannte, daß die Verbitterung an ihrer Situation nichts ändern würde. Wenn sie dann zu Hause spürte, daß Verbitterung hochkommen wollte, ging sie hinaus in den Garten, um Unkraut zu jäten. «Mit jedem Unkraut, das ich entferne, sage ich mir: ‹Halt!› Ich jäte so lange, bis meine Wut verraucht ist; manchmal brauche ich ein ganzes Blumenbeet dafür! Manchmal pflücke ich mir danach einen hübschen Blumenstrauß und nehme ihn mit ins Krankenhaus, wo ich ehrenamtlich arbeite. Es leitet meine Energie von der Wut in mir ab zu der Sorge um die Bedürfnisse anderer.»

Wenn Sie die letzten dieser negativen Gefühle loslassen, achten Sie darauf, daß Sie über Ihre vergangene Beziehung nicht abfällig reden. Es ist unklug, bittere Kommentare oder Bemerkungen in eine neue Beziehung einzubringen, weil sie mißverständlich sein könnten. Nur Sie wissen, wie sehr Sie leiden mußten während Ihrer Trennungskrise, und wenn Sie Ihre Vergangenheit auf diese Art und Weise diskutieren, wird nur verdunkelt, was eine klare Sache sein sollte. Tauchen Fragen bezüglich der vorherigen Beziehung auf, versuchen Sie darüber objektiv zu sprechen und einige positive Dinge zu bemerken, die daraus resultierten. Wenn Sie sich momentan jedoch nicht dazu in der Lage fühlen oder es Ihnen zuviel wird, über alles noch einmal zu reden, sagen Sie es, und wechseln Sie das Thema. Das schützt Ihr Eigenleben und hält Sie davon ab, Dinge auszusprechen, die Sie später bereuen könnten. Es hält Sie auch davon ab, auf dem vergangenen Schmerz herumzureiten, und läßt Sie Ihren Weg weiter verfolgen.

Eine Möglichkeit, den Ärger positiv zu nutzen, besteht darin, daß man ihn analysiert und daraus etwas über die eigenen emotionalen Bedürfnisse lernt. Wenn der Ärger seinen Ursprung z. B. darin hat, daß Sie betrogen wurden, wissen Sie, daß Loyalität für das Glück in Ihrer nächsten Beziehung wichtig ist.

Zur Entwicklung einer neuen, bedeutsamen Beziehung sehen Sie sich nach einem Partner um, der diese Eigenschaften zusammen mit andern Werten, die Sie schätzen, verkörpert.

Die bestmögliche Beziehung anstreben

Ein bekannter Scheidungsanwalt riet einmal einer meiner Patientinnen, er könne ihr zwar nicht sagen, was ihr auf jeden Fall in einer künftigen Beziehung Glück bescheren würde, wohl aber, was sie mit Sicherheit unglücklich machen würde: eine Heirat, die nicht zu ihrer Lebensphilosophie passen würde. Sein Gedanke ist außerordentlich gut, weil er auf jeden anwendbar ist und sich immer wieder bewahrheitet hat. Ich nenne ihn *die gemeinsame Lebensauffassung*. Ich habe dieses Konzept auf Patienten angewandt, die stabile, dauerhafte Beziehungen für ihr weiteres Leben anstrebten.

Wenn eine zufriedenstellende Beziehung für Sie zum Beispiel ruhige Abende zu Hause einschließt, der potentielle Partner aber gern ausgeht und verreist, so haben Sie keine gemeinsame Lebensauffassung. Auch wenn Sie sich anfangs ganz extrem zueinander hingezogen fühlen und sogar heiraten, besteht die Gefahr, daß Ihre Lebenseinstellungen in

176

Konflikt geraten, wenn die erste überschwengliche Begeisterung nachläßt. Werden dann nicht Konzessionen und Kompromisse geschlossen und ist die Liebe nicht stark genug, die Differenzen zu überbrücken, wird die Beziehung nicht von Dauer sein.

Einer der positiven Aspekte einer Trennungserfahrung ist, daß Sie sich Ihrer Lebensphilosophie viel bewußter geworden sind. Also berücksichtigen Sie Ihre Lebensauffassung, wenn Sie darüber nachdenken, welche Richtung eine potentielle Beziehung nehmen könnte; fragen Sie sich: «Ich liebe diesen Menschen, aber kann er umgekehrt diese Liebe erwidern, wie ich sie brauche?» Diese Frage muß meiner Meinung nach mit einem klaren Ja beantwortet werden, bevor man ernsthaft eine neue Beziehung eingeht.

Eine gemeinsame Lebenseinstellung zu haben bedeutet nicht, daß man nicht auch unterschiedliche Vorlieben und Abneigungen haben kann. Eine Erkenntnis aus der Trennungskrise ist unter anderem, daß es wichtig ist, in einer Beziehung die eigene Individualität beizubehalten. Viele unter Ihnen haben sie erst vor kurzem wiedererlangt. Die Bedeutung einer gemeinsamen Lebensauffassung liegt nicht darin, daß man äußerlich übereinstimmt, sondern daß die Grundlagen und Ziele für die Beziehung dieselben sind; eine gemeinsame Lebenseinstellung heißt, daß die meisten der persönlichen Bedürfnisse erfüllt werden, so wie man selbst in der Lage ist, den meisten Bedürfnissen des Partners zu entsprechen. Es gibt zwar keine perfekte Beziehung, aber eine glückliche und zufriedenstellende Beziehung ist durchaus dann möglich, wenn die Einstellungen zum Leben harmonieren.

Die meisten Menschen, die einmal eine Trennungskrise erlebt haben, gehen einer Beziehung, die auf Konflikte hindeutet, lieber aus dem Weg – auch wenn dies bedeutet, auf eine gewisse Spannung zu verzichten. Vielleicht beendet man eine Beziehung, bevor sie zu ernsthaft wird, weil man sich bewußt wird, daß es zu viele Unterschiede in der Lebenseinstellung gibt. Walter berichtete mir einmal, als er begann, Übergangsbeziehungen anzuknüpfen: «Ich lerne viele Frauen kennen, mit denen ich die Nacht, aber kein Leben verbringen könnte. Das muß dann schon eine besondere Frau sein, die nicht nur meine Bedürfnisse versteht und meine Interessen teilt, sie muß auch bereit sein, mir auf halbem Weg entgegenzukommen, wenn sie mich einmal nicht versteht.»

Ich gehe davon aus, daß die meisten Menschen heiraten, weil sie sich lieben; die meisten Ehen gehen nach meiner Meinung auseinander, weil das Paar keine gemeinsame Lebensauffassung hat und keiner die Bedürfnisse des anderen erfüllen kann. Auch wenn man einen Partner mit derselben Lebenseinstellung findet, ist dies noch keine Garantie für das Glück, es ist aber sicher ein positiver Start in eine neue Beziehung.

Ein Versprechen kann man nicht heiraten

Obwohl vielen meiner Patienten der Verlauf ihrer vorherigen Beziehung diese Lektion bereits erteilt hat, erinnere ich sie doch immer wieder daran, «daß sie kein Versprechen heiraten können». Oder, um es nüchterner auszudrücken: Wer sich auf eine neue Beziehung einläßt, muß daran denken, daß er nur das bekommt, was er tatsächlich sieht.

Im Idealfall entwickeln wir uns alle in unseren Beziehungen weiter, wir verbessern uns und werden reifer wie in unserem Berufsleben. Wer sich jedoch dazu entschließt, eine neue Beziehung aufzunehmen, muß davon ausgehen, daß der andere entgegen all diesen guten Vorsätzen zunächst einmal nur das sein wird, was er im Augenblick ist.

Lassen Sie sich nicht auf eine Beziehung ein, weil Sie davon begeistert sind, was der Partner zu werden verspricht. Oder sogar mit der Hoffnung, daß Sie den anderen so verändern können, wie er sein sollte. Auf diese Weise an eine neue Bindung heranzugehen, wäre unfair dem Partner gegenüber und würde Ihnen nur unsägliche Frustrationen bringen, wenn er Widerstand leistet oder sich vielleicht sogar gegen Ihre Versuche, Pygmalion zu spielen, auflehnt.

Bevor Sie sich binden, sollten Sie also die rosarote Brille abnehmen und sich folgende Fragen stellen: «Wenn der andere nicht mehr wird, als er zur Zeit darstellt, kann ich das akzeptieren? Kann ich ihn so lieben, wie er ist, auch mit den schlechten Angewohnheiten, die sich vielleicht nicht ändern werden?» Wenn Sie diese Fragen nicht mit einem klaren Ja beantworten können, nehmen Sie sich Zeit, die Beziehung richtig einzuschätzen, bevor Sie weitermachen. Hier liegt Ihre Chance, eine klare Trennung zu vollziehen, ohne sich selbst oder dem anderen übermäßig weh zu tun. Es sollte Ihnen klar sein, wenn es jetzt schon in der Anfangsphase der Beziehung schmerzhaft ist, wieviel mehr Schmerz wird in Zukunft auf Sie zukommen, wenn Sie das Ende der Beziehung hinauszögern. Manchmal ist es, psychologisch gesehen, die wertvollste Entscheidung, nicht aktiv zu werden.

Als Matthew Vicki kennenlernte, wußte er, daß sie zuviel trank. Er idealisierte jedoch die Beziehung und glaubte, daß er Vicki ändern könnte. Er dachte, ihre Liebe würde alles ins reine bringen. Es endete damit, daß er derjenige war, der Vicki gegen seinen Willen verlassen mußte. Er versuchte es noch einmal, verließ sie dann wieder, weil er erkannt hatte, daß er die Beziehung beenden mußte, da er Vickis Alkoholismus machtlos gegenüberstand und mit ihren Verhaltensweisen nicht leben konnte. Er litt entsetzlich unter der Beendigung dieser Beziehung, die von vornherein nicht zu einer Ehe hätte führen dürfen.

179

Auf eine gesunde Liebesbeziehung hinarbeiten

Viele Psychologen unterscheiden drei Grundtypen einer Liebesbeziehung: die parasitäre, die symbiotische und die synergistische.

In einer *parasitären Beziehung* nimmt der eine Partner viel mehr, als er in die Partnerschaft investiert. Er saugt den anderen finanziell oder emotional aus – manchmal sogar auf beiden Gebieten. Eine solche Beziehung endet meist dann, wenn der parasitäre Teil alles genommen hat, was er brauchte. Eine parasitäre Beziehung kann auch dann zu Ende gehen, wenn der gebende Partner völlig verbraucht ist und nur noch die Kraft aufbringt, die Beziehung zu lösen.

Darum hat Janis Brent verlassen. Sie hatte alles gegeben, während er nur genommen hat. Und als Janis dann schließlich wegging, tat sie es aus Angst – Angst davor, daß Brent sie völlig einnehmen könnte.

Dennoch sollte die Rolle nicht außer acht gelassen werden, die Janis als Wirtin des Parasiten, oder als der gebende Teil, gespielt hat. Janis hatte noch nie eine ernste Liebesbeziehung und hatte krampfhaft nach jemandem gesucht, mit dem sie zusammenleben konnte. Sie war das Leben als Alleinstehende leid und machte sich Sorgen, daß sie mit Ende Zwanzig allmählich ihre körperliche Anziehungskraft verlieren würde. Als Brent auftauchte, blieb sie zunächst standhaft, erlag dann aber doch seinem Charme, weil sie eine beständige Beziehung anstrebte. Und als sie dann einmal im Netz war, begann sie, übermäßig zu geben, aus Angst, er könnte sich anderweitig orientieren, wenn sie es nicht täte; alle ihre Freundinnen beneideten sie und wünschten, sie würden auch einen solchen Mann finden.

Oft bemüht sich ein Mensch so verzweifelt darum, geliebt zu werden, daß er alles geben würde, einschließlich aller materiellen Werte, nur um den Partner zu halten. In einer solchen Beziehung liebt keiner der beiden Partner auf gesunde, ausgeglichene Art. Beide handeln aus Verzweiflung, und beide brauchen fachmännische Beratung, damit sie die alles verzehrende Dynamik ihrer Beziehung ändern können.

In einer *symbiotischen Beziehung* nähren sich die Partner gegenseitig. Allein fühlen sie sich unvollständig, da keiner von beiden sich seiner persönlichen Identität völlig sicher ist. Auch wenn sie miteinander unglücklich sind, wie dies häufig der Fall ist, sind sie zusammen doch noch glücklicher als getrennt. Eine solche Beziehung ist manchmal angefüllt mit Mißtrauen und Paranoia – ein Partner quält sich mit dem Gedanken, was der andere wohl gerade macht, wenn sie nicht zusammen sind, auch wenn diese räumliche Trennung durch die täglichen Verpflichtungen bedingt ist.

Oft erlaubt diese Beziehung, die auf gegenseitiger Inbesitznahme basiert, keine Weiterentwicklung der Partner. Für viele Menschen ist diese Art von Beziehung in Ordnung, weil sie begrenzte Erwartungen haben, sowohl an sich selbst als auch an eine Liebesbeziehung im allgemeinen. Sie sind mit dem zufrieden, was sie haben. Im wesentlichen besteht die Dynamik dieser Beziehung im «Ich liebe dich, weil ich dich brauche» und nicht im «Ich brauche dich, weil ich dich liebe». Symbiotische Beziehungen sind sehr verbreitet und dauern meist bis zum Tode – wenn nicht einer der Partner das Bedürfnis empfindet, ein stärkeres Selbstgefühl entwickeln zu müssen.

Joan, die immer noch daran arbeitet, mit Vincent, dem Graphiker, intim werden zu können, hat ihren Mann verlassen, weil ihre symbiotische Beziehung sie zu ersticken drohte. «Wir waren beide so unsicher, telefonierten ständig hintereinander her, um den anderen zu überprüfen. Doch wenn wir zusammen waren, kämpften und diskutierten wir wegen der geringsten Kleinigkeit. Eines Tages erkannte ich auf einmal, daß ich zwar Angst vor dem Alleinsein hatte, daß ich aber diese Ehe hinter mir lassen mußte, um herauszufinden, wer ich wirklich war. In dieser Beziehung hatte ich jedes Gefühl für mich als Individuum verloren – er übrigens auch.»

In einer *synergistischen Beziehung* befruchten sich beide Partner gegenseitig in ihrem Reifeprozeß. Jeder für sich ist stark und selbstsicher genug, ein in sich ruhendes und mit sich zufriedenes Individuum; die gemeinsame Liebe schafft eine kraftvolle, reiche Verbindung, die jedem Partner mehr Glück bringt, als er je zu hoffen gewagt hätte. Beide haben für sich die Fähigkeit entwickelt, auch allein glücklich zu sein, haben aber erkannt, daß sie glücklicher sein können, wenn sie ihr Leben mit jemandem teilen. Dies ist eine Beziehung, die auf einer gemeinsamen Lebenshaltung basiert, auf gegenseitiges Vertrauen und gegenseitigem Geben und Nehmen.

Erinnern wir uns an Jennifer, die in der Bibliothek ihrer Villa in Malibu zusammenbrach und sich dann abkapselte, als sie erkannte, daß sie ihre Ehe mit Rick beenden mußte. Nach all dem Schmerz, den sie erleiden mußte, ging sie aus ihrer Trennungskrise stärker und selbstsicherer hervor. Als sie Tony kennenlernte, ruhte sie in sich und war mit ihrem neuen Leben, so wie sie es sich eingerichtet hatte, zufrieden. Auch er ist selbstsicher, hat viele Interessen und führt ein sehr geschäftiges Leben. Nach ihrer Heirat hat keiner von beiden seine Individualität verloren. Und wenn sie zusammen sind, vergrößert der eine das Glück des anderen. Gemeinsam schaffen sie eine Liebesbeziehung, die sie beide weiterbringt.

Synergie in der Liebe ist ein realistisches Ideal, das sich anzustreben lohnt. Ich hoffe, Sie werden nach dieser Art Beziehung suchen, und ich bin sicher, Sie werden sie auch finden aufgrund der Stärke, der Fähigkeiten und des Selbstbewußtseins, die Sie aus Ihrer Trennungskrise gewonnen haben und die Sie auf Ihrem Weg noch weiterentwickeln werden.

Aber auch in einer synergistischen Liebesbeziehung müssen Sie vernünftige Erwartungen beibehalten; auch die besten Beziehungen beinhalten Kompromisse und Verhandlungen. Ein kritischer Punkt bei einer neuen Beziehung, wenn man auf eine Synergie hin arbeitet, ist der, daß keiner der beiden Partner da Kompromisse schließen sollte, wo es um sein persönliches Glück und emotionales Wohlbefinden geht.

Eine Liebesbeziehung aufrechterhalten

Menschen in der Phase der Loslösung, die eine neue Liebesbeziehung anstreben, fragen mich oft: «Wie kann ich wieder lieben, ohne noch einmal eine Trennungskrise erleiden zu müssen?» Leider gibt es dafür kein Patentrezept. Bei jeder neuen Liebe ist man wieder der Gefahr einer Trennungskrise ausgesetzt. Das ist kein Pessimismus – es ist die Realität.

Das Thema der Aufrechterhaltung einer Liebesbeziehung ist umfangreich und vielschichtig; immer mehr Wissenschaftler und Psychologen beschäftigen sich mit ihrer Erforschung. Die beste Richtlinie, die ich anzubieten habe, ist die: Gehen Sie realistisch an eine Liebesbeziehung heran. Das heißt, streichen Sie das Vielleicht und Könnte-Sein aus der Liebe, und setzen Sie sich mit dem Was-ist auseinander. Dies bedeutet wiederum, daß man kein Versprechen heiraten kann.

Ich bin der letzte, der nicht zustimmen würde, daß die verschiedenen Liebesmythen und romantischen Phantasien wunderbare Idealvorstellungen sind, die die Flammen der

Leidenschaft in einer Beziehung nähren und anfachen können, aber sie haben sehr wenig mit der tatsächlichen Dauer einer Beziehung zu tun. Sie können sogar Beziehungen verletzen, denn sie lassen unrealistische Erwartungen aufkommen, denen nur die wenigsten Partner genügen.

Die Realität einer Liebesbeziehung besteht darin, daß sie von beiden Partnern Opfer verlangt, wenn sie von Dauer sein soll. Für eine harmonische Beziehung ist es unerläßlich, daß man für zwei Menschen statt für einen denkt, handelt und reagiert; man muß die Gefühle des Partners ebenso berücksichtigen wie die eigenen. Die eigenen Wünsche und Bedürfnisse machen nur die Hälfte des Ganzen aus, das jetzt aus beiden Partnern besteht. Endlose Kompromisse müssen geschlossen werden. In dem Augenblick, da einer der Partner die Liebe als selbstverständlich voraussetzt, wird sie ein Ende haben.

Viele von Ihnen wissen bereits, wie sehr Vernachlässigung zum Verkümmern einer Beziehung beitragen kann. Wie so viele meiner Patienten haben vielleicht auch Sie Ihre Beziehung nicht länger genährt, nachdem sie einmal eingerichtet war. Ihre Energie wurde durch die Erziehung der Kinder oder berufliches Weiterstreben abgelenkt. Diese Faktoren sind sicher auch wichtige und zeitraubende Bestandteile eines Lebens; Sie sollten dabei aber die Erfordernisse einer Liebesbeziehung nicht leugnen, die gewöhnlich die Grundlage bildet für die anderen Aspekte Ihres Lebens. Wenn sie zerbricht, kann der Rest Ihres Lebens ebenso zerstört werden.

Eine der härtesten Lektionen, die die meisten von uns auf dem Gebiet der Liebe lernen müssen, ist die, daß dauerhafte Beziehungen nicht einfach über uns kommen und dann von allein wachsen und gedeihen. Sie werden durch beiderseitiges Engagement geschaffen und können auch nur so weitergeführt werden – oft auch in sehr schweren Tagen. Ohne

Zweifel sind die glücklichsten und dauerhaftesten Beziehungen jene, denen ständig Aufmerksamkeit zuteil wird und die ständig genährt werden. Sicher heißt es darum auch in den Eheversprechen, mit denen die Liebe zweier Menschen besiegelt wird, «in guten und in schlechten Tagen, bis daß der Tod Euch scheidet».

Romantische und andere Arten der Liebe

Die Phase der Loslösung bringt nicht nur einen neuen Lebensrhythmus mit sich, sondern auch eine emotionale Ruhe, die sich Tag für Tag weiterentwickeln wird, je stärker Sie werden. Ganz gleich, welche Richtung Ihr neues Leben nimmt, Sie erkennen jetzt, daß Sie stark genug sind, allein zu leben und gut zu leben. Vielleicht wollen Sie nicht allein bleiben; aber zu wissen, daß Sie es können, verleiht Ihnen ein erhebendes Gefühl Ihrer persönlichen Fähigkeiten. Endlich haben Sie die Trennungskrise hinter sich! Sie können auf sich selbst achtgeben und empfinden sich als eine vollständige Einheit. Sie wollen vielleicht wieder eine andere Beziehung eingehen, es ist aber für Ihr Glück nicht unbedingt erforderlich.

Viele meiner Patienten möchten nach ihrer Trennungskrise ihre emotionale Energie in eine neue romantische Beziehung stecken, es gibt aber auch andere, die sich dagegen entscheiden oder die es einfach nicht können. Ältere Menschen, die den Partner verloren haben, werden wahrscheinlich weder eine romantische Beziehung aktiv suchen noch überhaupt die Gelegenheit dazu haben. Sie suchen Gesellschaft über ihr Engagement in Gemeindeprojekten, bei Familienmitgliedern, Freunden oder Haustieren. Auch ernsthafte gesundheitliche Probleme halten viele Menschen nach einer Trennungskrise ab, eine neue Beziehung einzugehen, zumal sie ihre Energie völlig auf ihre Genesung ausrichten.

Es gab auch Patienten, die im Verlauf ihrer Trennungskrise entdeckten, daß ihre Arbeit immer an erster Stelle stehen würde. Einmal zu diesem Schluß gekommen, sind sie davon überzeugt, daß sie in ihrem Leben keinen Platz für eine ernsthafte Liebesbeziehung haben, weil sie nie die Beziehung voranstellen würden. Wenn ich ihnen dann sage, daß das auch nicht unbedingt sein muß, sind sie angenehm überrascht!

Es hört sich zwar nicht sehr romantisch an, aber eine Liebesbeziehung muß nicht an erster Stelle stehen, um zufriedenstellend und dauerhaft zu sein. Der Beruf kann den Vorrang haben, solange beide Partner damit einverstanden sind und sich mit dieser Regelung wohl fühlen.

Ich habe viele glückliche Beziehungen erlebt, in denen der Beruf für beide oder nur für einen Partner Vorrang hatte. Diese Beziehungen liefen deshalb so gut, weil gleich zu Beginn das Verhältnis von Beruf und Liebe für beide klargestellt worden war; Bedürfnisse und Erwartungen waren deutlich zum Ausdruck gebracht worden, als die Beziehung begann. Wesentlich ist dabei das gegenseitige Einvernehmen und das fortgesetzte emotionale Wohlbefinden mit dieser Entscheidung.

Da die miteinander verbrachte Zeit oft nur kurz ist, kann man das Sprichwort «Nicht die Quantität, sondern die Qualität zählt» auf diese Art von Beziehung anwenden. Weil die Energie vor allem auf die berufliche Karriere ausgerichtet ist, muß man sich wahrscheinlich wirklich anstrengen, um nach einem langen Arbeitstag noch liebenswert und romantisch zu sein. Dennoch kenne ich einige berufsorientierte Paare, die überzeugt sind, daß die Zeit, die sie miteinander verbringen, gerade deshalb so aufregend ist, weil sie so begrenzt zur Verfügung steht.

Ob man nun seine Liebe in einen anderen Partner, in die Arbeit, die Kinder oder in einen Kurs investiert – wichtig ist allein die Fähigkeit, dies frei und ungebunden zu entscheiden – nicht aus Wut, Panik, Angst, Verzweiflung, Rache oder Unsicherheit. Diese Fähigkeit zu entwickeln, stark zu werden für die Entscheidung darüber, wie das Leben weitergehen soll, das ist das Wesentliche an der Überwindung der Trennungskrise.

Im Italienischen gibt es ein Sprichwort, das in etwa die Bedeutung hat: «Um Mitternacht ist es am dunkelsten, und nach Mitternacht beginnt ein neuer Tag.» Sie werden es kennen als: «So tief unten kann es nur noch bergauf gehen.» Mit dem Wachstum und dem Reifeprozeß entwickelt sich der Mut, die «dunklen Stunden» des Lebens zu überwinden, ohne sich selbst zu zerstören, ohne in Verbitterung und Selbstmitleid zu versinken, ohne den Glauben an sich selbst zu verlieren, sondern auch weiterhin an das eigene Leben zu glauben. Es sei hier noch einmal an die Aussage Albert Schweitzers erinnert, die weiter oben schon zitiert wurde: «Die Tragödie des Lebens besteht darin, daß im Menschen etwas abstirbt, noch während er lebt.» In uns stecken bestimmte Eigenschaften, die nur uns gehören; sie sind Teil unserer unveräußerlichen Rechte. Niemand, kein Ereignis, kein geliebter Partner dürfen sie uns nehmen.

Ganz gleich, wie schlecht es Ihnen jetzt geht, ganz gleich, in welcher Phase der Trennungskrise Sie sich befinden, bedauern Sie sich nicht. Sie müssen mutig ausharren und die Krise durchstehen. Verlieren Sie nicht den Glauben an sich selbst, an Ihre Fähigkeit, die Trennungskrise zu überwinden, und an eine vielversprechende Zukunft. Sie können so glücklich sein, wie Sie sich machen, oder so unglücklich, wie Sie es zulassen. Haben Sie Probleme mit dem Weiterkommen während der Krise und können Sie diese Schwierigkeiten allein oder mit Hilfe von Familie oder Freunden nicht lösen, dann erkennen Sie, daß Sie es zwar *können*, aber nicht allein. Suchen Sie einen Fachmann auf, der Sie in der richtigen Weise unterstützt.

Und nun zu den guten Meldungen . . . Fast alle Menschen, an deren Leben wir durch dieses Buch teilhaben durften, sind heute wieder glücklich! Viele sind jetzt sogar glücklicher, als sie es je in der vorherigen Beziehung hätten werden können. Wenn diese Beziehung nicht zerbrochen wäre, hätten sie nie die Möglichkeit eines neuen Glücks, so wie sie es jetzt erleben, erhalten. Fast alle sind der Meinung, daß sie nie wieder zu ihrem früheren Partner zurückkehren möchten. Sie sind während ihrer Trennungskrise zu sehr gewachsen. Tatsächlich ist die Trennungskrise zu einer positiven Kraft in ihrem Leben geworden; sie hat dafür gesorgt, daß sie eine unbefriedigende Beziehung hinter sich ließen und eine glücklichere Beziehung oder neue Bindungen an die Familie aufbauten oder sich dem Beruf oder dem persönlichen Wachstum zuwandten.

Auch wenn es sie viele Jahre kostete, so hatte Königin Viktoria doch den Mut, ihre Trennungskrise durchzustehen; sie beschloß, nach ihrem selbstgewählten Exil wieder in den Buckingham-Palast zurückzukehren. Endlich war sie in der Lage, sich gelassen den Mauern des Palastes zu stellen, die einst Zeugen ihrer Liebe zu Albert gewesen waren. Sie übernahm wieder den Vorsitz im Parlament und begann eine Herrschaft, die das Britische Empire zu seiner Blüte führte.

Epilog

Fast anderthalb Jahre sind vergangen, seit meine Freundin Genevieve im Polo-Raum ihren hysterischen Zusammenbruch hatte. Vor kurzem schickte sie mir eine Ansichtskarte aus Italien, auf der es hieß: «Scheidung von Ryan zu meinen Gunsten geregelt. Der kleine Claude ist glücklich und hängt an Franco. Ich habe ihn vor drei Monaten kennengelernt und weiß, daß wir füreinander wie geschaffen sind. Ich glaube, ich habe endlich die wahre Liebe gefunden...» Nach meinen Berechnungen hat es etwas über ein Jahr gedauert, bis sie ihre Loslösung erreicht hatte, die für sie in der Beziehung zu Franco mündete. Das erscheint mir ziemlich schnell, aber sie war immer sehr fix. Natürlich war sie mit Ryan nur zwei Jahre verheiratet, so daß die Phase des Verzichts für sie nicht so problematisch war.

Zur Zeit habe ich drei Freunde und einige Bekannte, die sich in den verschiedensten Phasen einer Trennungskrise befinden. Pamela hat ihren alkoholsüchtigen Mann unfreiwillig verlassen, als sie ihn bat, aus ihrem Landhaus in Vermont auszuziehen. Sie hat eine Geschenkboutique eröffnet mit Kristallen und New-Age-Büchern und hält dies für die perfekte Ablenkung auf ihrem Weg durch die Trennungskrise.

Für meinen Freund Ross hat sich seine Trennungskrise gerade gejährt. Es begann damit, daß Alicia ihn nach zehnjähriger Ehe verließ. Er arbeitet sich immer noch durch die letzten Phasen hindurch. Eigentlich ist er in der Phase der Reorganisation, leidet aber unter Rückblenden (er kann immer noch nicht chinesisch essen gehen, was Alicia so gern mochte). Manchmal pendelt er noch und greift zum Telefonhörer, um wieder Kontakt mit ihr aufzunehmen. Seine größte Schwierigkeit in der Trennungskrise besteht meiner Meinung nach darin, die zehn gemeinsamen Jahre in sein neues Leben zu integrieren. Ich war oft bei ihm, als er die Phase des Verzichts durchmachte. Die einzigen Dinge, die er behalten hat, sind die Fotoalben. Nie hätte ich gedacht, daß die Trennungskrise bei einem ständig unter Druck stehenden Werbefachmann wie Ross so langsam verlaufen würde.

Dann ist da James, dessen Freundin vor drei Monaten auszog. Sie lernten sich in der Schule kennen und zogen vor vier Jahren endgültig zusammen. Er gibt gern zu, daß er seit dem Tag, an dem sie sich zum ersten Mal trafen, wie besessen von ihr war. Er will nicht einsehen, daß er verlassen wurde, und steckt noch tief in seiner Kummerphase, grübelt und fühlt sich immer wieder zu ihr hingezogen. Ich kann zusehen, wie er altert – dabei ist er erst fünfunddreißig! Zum Glück hat er mit einer Therapie begonnen.

Und dann ist da Anne, die Ärmste, die eine Trennungskrise erleben wird, es aber noch nicht weiß. Ich habe mit ihr zusammen studiert. Ihr einziges Gesprächsthema damals war ein Mann, Kinder und ein Zuhause. Es endete damit, daß sie Mark, unseren Professor, heiratete, der zehn Jahre älter ist als sie. Vor kurzem rief er mich an, um mir zu beichten, daß er eine Midlife-Krise durchmache und schier ersticke an allem, einschließlich Annes, ihrer vier Kinder und sogar des Hunds. Da Anne eine meiner besten Freundinnen sei, wollte er wissen, ob ich ein paar Vorschläge machen könne, vor allem: «Wie bringe ich es ihr schonend bei?» Ich konnte nur antworten: «Es wird vernichtend für sie sein.» Ich kann mir nicht im geringsten vorstellen, wie lang die Trennungskrise bei ihr dauern wird.

Auch für mich ist es nun fast ein Jahr her seit Beginn meiner Trennungskrise. Vor einem Jahr haben mein Mann und ich kaum miteinander gesprochen. Mißverständnisse, mangelnde Kommunikation und persönliche Probleme hatten eine schier unzerstörbare Wand zwischen uns aufgebaut. Die einzigen Lücken darin waren unsere beiden kleinen Mädchen.

Wir befinden uns beide in der Phase der Reorganisation. *Gemeinsam.* Wenn ich an unsere Geschichte denke, überrascht mich das selbst. Aber wie Dr. Gullo im dritten Kapitel erklärt hat, ist es möglich, sich mit dem Partner wieder zu verbinden, wenn sich während der Reorganisationsphase in den Verhaltensweisen drastische Veränderungen ergeben haben und beide bereit sind, an der Beziehung zu arbeiten. Wir beide haben uns verändert und arbeiten hart daran, die Grundlage für unsere Ehe zu reparieren. Aber die Grundsätze sind andere geworden. Wir sind wesentlich toleranter gegenüber den persönlichen Bedürfnissen des anderen geworden und haben eine völlig andere Beziehung aufgebaut. Es ist eine Beziehung, die viele nicht verstehen, aber im Moment ist es für uns so in Ordnung.

Obwohl wir gemeinsam in der Reorganisationsphase sind, habe ich immer noch Rückblenden. Jedesmal wenn ich am Krankenhaus vorbeifahre, zucke ich zusammen und ordne mich manchmal falsch ein, da ich mich an den Abend erinnere, als meine Ehe in die Brüche ging. An diesem Abend war mein Mann, verletzt und wütend, hinausgegangen und hatte gegen eine Wand getreten. Dabei wurde seine Ferse und sein Knöchel in unzählige Splitter zerschmettert. Als ich ihn in der Ambulanz leiden sah – ich trug mein Baby auf dem Arm und hielt meine kleine Tochter an der Hand –, fühlte ich mich ganz elend bei dem Gedanken, daß eine

Liebe so enden konnte. Uns beide traf die Schuld an diesem unglücklichen Ende.

Obwohl meine Geschichte einzigartig ist, weiß ich jetzt, daß ich nicht allein stehe. Die Welt ist und war immer schon voll von Menschen, die unter einer Trennungskrise leiden, von denen jeder eine traurige Geschichte zu erzählen hätte. Ohne Zweifel ist eine Trennungskrise eine der traumatischsten Lebenserfahrungen.

Ich habe aber keine Furcht davor, wieder zu lieben. Die Liebe, ganz gleich wie kurz, ist für mich ein Wunder. Es gibt keine Garantie dafür, daß die Risse in meiner Ehe dauerhaft gekittet sind und daß mein Mann und ich für den Rest unseres Lebens zusammenbleiben werden.

So schwer es mir auch fiel, meine Trennungskrise hat meine Persönlichkeit gestärkt. Die Therapie Dr. Gullos gab mir den Mut, mit meinem Schmerz fertig zu werden, da ich erkannte, daß ich die Fähigkeit hatte, mit meinem Liebeskummer und den Ängsten zurechtzukommen, die ein tiefgreifender Liebesverlust mit sich bringt. Wie oft mußte ich mich selbst vorantreiben und hatte manchmal nichts als den Glauben an mich selbst; das Ergebnis aber war ein inneres Gewahrsein meiner selbst und ein enormes persönliches Wachstum, für das ich dankbar bin.

Es steht außer Frage, daß Dr. Gullos Theorie über die Trennungskrise und seine entsprechende Therapie ein unschätzbarer Beitrag auf dem Gebiet der psychischen Gesundheit ist. Er hat unseren Schmerz beim Namen genannt und klar erkannt, wie ein durch einen Liebesverlust gebrochenes Herz wieder geheilt werden kann. Er hat uns Opfern einer Trennungskrise Hoffnung gegeben und uns gezeigt, daß am Ende dieses langen, dunklen Tunnels ein Licht ist. Ungeachtet des Schmerzes werden die Tage und Nächte der Trennungskrise vorübergehen, und Sie werden eines Tages wieder fähig sein zu lieben.